소소한 즐거움이 있는 핸드메이드

# 처음 하는 재봉틀

1판 1쇄 인쇄 2011년 6월 1일
1판 4쇄 발행 2013년 12월 3일

지은이 | 송효은
펴낸이 | 정원정, 김자영
편집 | 홍현숙
진행 | 이민정
디자인 | LOOKBOOK
사진 | 황혜정, 송효은
협찬처 | 부라더미싱 ㈜부라더상사 www.brother.co.kr, 네스홈 www.nesshome.com
        게스트하우스 무무 www.mumuhouse.com

펴낸곳 | 즐거운상상
주소 | 서울시 용산구 문배동 7-6 이안1차 102동 오피스텔 1003호
전화 | 02-706-9452 팩스 02-706-9458
전자우편 | happywitches@naver.com
출판등록 | 2001년 5월 7일
인쇄 | 백산하이테크

ISBN 978-89-92109-76-5 14630
ISBN 978-89-92109-69-7 14630(세트)
*이 책의 모든 글과 그림, 사진, 디자인을 무단으로 복사, 복제, 전재하는 것은 저작권법에 위배됩니다.
*책값은 뒤표지에 있습니다.

소소한 즐거움이 있는 핸드메이드

# 처음 하는 재봉틀

*my first sewing machine*

# A to Z

즐거운상상

prologue

자르고
붙이고
꾸미고

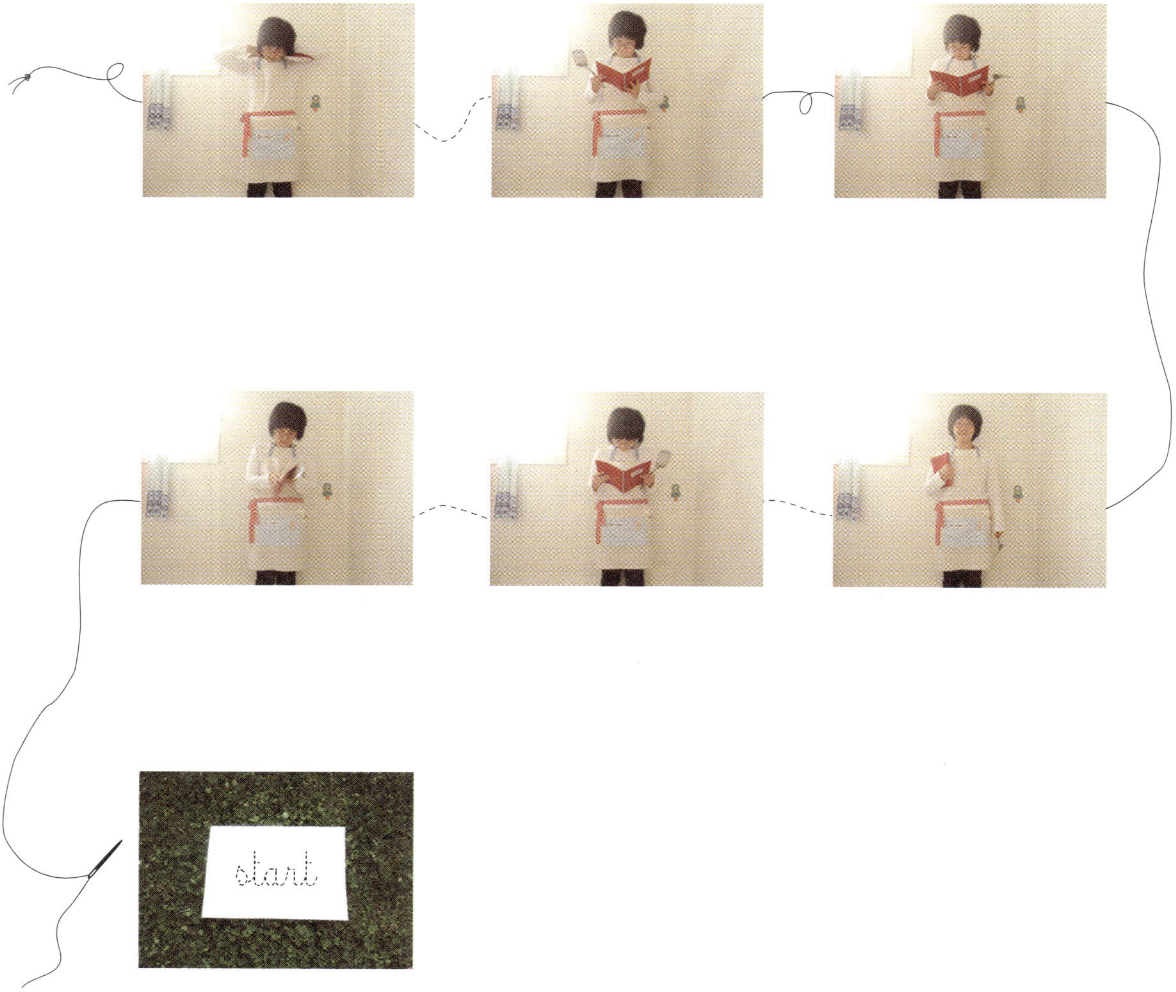

바비에게 양말로 만든 옷을 입혀주고, 스티로폼으로 열심히 인형집을 만들던 아이가 자라 대학에서 본격적으로 의상디자인을 공부하고, 어느새 10년 넘게 바느질에 빠져있습니다. 평범한 천조각들이 하나 둘 이어져 나만의 느낌과 감성을 담은 세상에 하나뿐인 무엇이 된다는 것. 아마 바느질을 해 본 이들이라면 누구나 느끼는 아주 특별한 기쁨일 거예요. 바느질은 참 행복한 일입니다. 어떤 작품을 만들까 고민하는 과정도 즐겁고 믹스 앤 매치를 해보는 과정도 재미있고 내가 좋아하는 사람들에게 정성어린 선물을 하는 것도 기쁜 일이니까요. 또 바느질을 하는 동안에는 이런저런 걱정이나 고민을 잊을 수 있다는 장점도 있어요.

　　　바느질의 매력을 꼽자면 너무 너무 많지만, 입문해서 어느 정도 실력을 쌓고 그런 매력을 느끼기까지 쉽지 않은 것도 사실이에요. 재봉틀은 더 그렇지요. 재봉틀을 구입해 놓고도 작은 난관에 막혀 마냥 방치해 둔 분들도 많을 거라 생각해요. 기본을 익히면 그렇게 어렵지 않은데 그냥 포기하는 분들을 보면 참 안타깝다는 생각도 들었어요. 원단은 어디에서 사야 하는지, 어떤 천을 골라야 하는지, 도안은 어떻게 봐야 하는지, 책을 보면 만드는 방법은 너무 간단한데 막상 만들려고 하면 과정이 듬성듬성해서 도저히 할 수 없기도 하지요. 처음 재봉틀을 하는 분들에게는 어려운 점이 한 둘이 아니에요. 물론 처음부터 기성품처럼 예쁜 것을 만들기는 어려워요. 차근차근 기본을 익히고 쉬운 것부터 하나씩 하나씩 만들어 가다 보면 어느새 실력이 쑥쑥 늘어날 거예요. 다만 기본을 쌓을 수 있는, 처음 시작하는 분들을 위한 친절한 재봉틀 책이 없어 그 점이 늘 아쉬웠어요. 그래서 이 책에는 재봉틀을 처음 사용하는 분부터 기초의 걸음마를 뗀 분들까지 알아두면 좋을 내용들을 꼼꼼하게 담으려고 애썼어요. 처음 해보는 분들도 쉽게 따라 만들 수 있도록 과정을 빼놓지 않고 최대한 많이 넣었어요. 또한 사진과 함께 글로도 자세한 설명을 달아두어 책만으로도 작품을 만들 수 있도록 했습니다.

　　　재봉틀은 다양한 바느질 기법과 기능이 있어요. 이를 최대한 활용해서 다양한 방법으로 작품을 만들어 보았습니다. 그리고 다양한 원단을 활용하여 소품을 만들어 보면 각각의 용도에 어울리는 천은 무엇인지, 나의 취향은 무엇인지 발견할 수 있어요. 그래서 종이원단이나 가죽원단, 누빔원단, 방수원단, 펠트 등 다양한 원단을 사용해 보았어요. 도구들도 잘 활용하면 바느질이 더욱 쉬워지는데, 패브릭펜, 전사지, 가시도트, 패브릭 스티커 등 여러 도구를 활용하는 방법도 다루었습니다. 바느질을 하는 분들은 각자 저마다의 취향과 디자인 특징이 있어요. 저는 재미있고, 이야기가 담긴 아기자기한 디자인과 소품들을 좋아합니다. 인형을 만들어 이름을 붙여보기도 하고 비닐봉지를 모아두는 주머니를 요리사로 만들어 작은 재미를 찾아요. 에코백에는 어떤 문구를 넣으면 외출이 즐거워질까, 앞치마에 어떤 문구와 장식을 붙이면 요리가 더 행복해질까 생각하고 만들며 즐거워합니다. 이 책에 나온 소품들이 여러분의 일상에 작은 행복을 더해 줄 수 있으면 좋겠다, 생각해 봅니다. 집안 어딘가에 먼지 쌓인 재봉틀이 있다면 먼지를 탈탈 털어내고, 반짝반짝 윤이 나게 닦아보세요. 그리고 못 입게 된 티셔츠라도 찾아 티매트부터 시작해 보세요. 핸드메이드의 매력을 경험한다면 일상이 조금은 더 행복해질 거예요. 항상 저를 걱정하시는 부모님과 가족들, 그리고 제 고민을 잘 들어주는 친구들과 바느질을 하면서 깊은 유대감을 느끼게 되는 바느질 친구들, 늘 힘이 되어주는 블로그 이웃분들, 그리고 책을 만들어주신 모든 분께 감사를 전합니다.

2011년 여름에 　송 효 은

## contents

**prologue** ...... 004

시작하기 전 이것만은 알아두세요!
재봉틀의 주요 명칭·재봉틀 사용 방법
도구 및 재료를 알아볼까요?
원단·재단·기본적인 재봉·접착솜 붙이는 방법

### 024

**티 매트**
손님에게 음료수를 대접할 때 컵 아래에 살짝 놓아보세요. 센스 만점 아이템입니다.

### 030

**컵 슬리브 & 화분**
컵과 화분에 예쁜 옷을 입혀주세요. 뜨겁거나 차가운 음료가 담긴 컵을 감싸면 기분까지 좋아집니다.

### 034

**명함 케이스**
나를 소개하는 명함을 담는 케이스도 특별한 게 좋아요. 마린 와펜과 파란색 스트라이프 무늬로 활기차게.

### 040

**코사지 & 헤어밴드**
손바느질로 간단하게 만들 수 있습니다. 서로 다른 색상과 무늬를 대조시키는 작업이 재미있어요.

### 046

**비닐봉지 보관 주머니**
흩어져 있는 비닐봉지를 깔끔하게 보관할 수 있어요. 부엌에 한 가지 재미를 더했습니다.

### 052

**바리스타 인형**
부엌 창가 혹은 테이블에 놓으면 기분 좋아지는 인형입니다. 커피를 음미하고 있는 표정이 귀엽지 않으세요?

### 058

**스트링 파우치**
간단한 조리개 주머니로 우리 모두 정리의 여왕이 되어보아요. 여행 떠날 때도 유용한 아이템입니다.

### 064

**메시지 쿠션**
메시지를 쿠션에 담아 선물해 보세요. 그림이나 사진, 글귀도 좋아요. 세상에 하나밖에 없는 소중한 선물이 될 거예요.

### 072

**마린 스타일 크로스백**
지갑과 핸드폰 등 간단한 소지품을 넣을 수 있는 작은 가방이에요. Bon Voyage! 어딜 가든 즐거운 여행이 되세요.

### 082

**파우치 플랫**
만들기 쉬우면서 실용적인 평면 파우치입니다. 다채로운 스타일로 응용할 수 있어 흥미만점 아이템이에요.

### 090

**필통**
라벨로만 살짝 포인트를 준 심플한 스타일의 필통이에요. 사선 체크무늬가 깔끔해 보여요.

### 096

**여권 케이스**
여행을 떠나기 전의 설렘과 흥분, 즐거움을 담아 만들어 본 여권 케이스입니다. 티켓과 카드도 넣을 수 있어요.

### 102

**네임 태그**
여행 가방에 이름과 연락처 등을 적는 이름표입니다. 비슷한 가방 속에서도 내 것을 한눈에 찾을 수 있어요.

### 108

**이니셜 슬리퍼**
발을 포근하게 감싸주는 슬리퍼. 친구나 연인의 이름 첫 자를 넣어 선물해도 좋을 듯합니다.

### 114

**미니 에이프런**
카페 앞치마 스타일로 만든 미니 에이프런입니다. 부엌에서 기분을 내고 싶을 때 하면 좋아요.

### 120

**원피스 앞치마**
원피스 스타일의 앞치마를 간단한 방법으로 만들어 보았어요. 미니 에이프런에 상단과 허리끈만 연결하면 완성.

### 124

**파자마 팬츠**
담에 드는 파자마를 입으면 왠지 잠이 잘 올 것 같은 기분이 듭니다. 단드는 방법도 은근 쉬워요.

### 132

**월포켓**
벽에 거는 주머니. 이름은 '2층 카페'입니다. 월 포켓 하나만 있으면 책상 위가 깨끗해지겠죠?

### 142

**아기 배낭**
친구 아들의 첫 번째 생일선물로 만든 배낭입니다. 스트링 파우치를 조금 응용해서 만들어봤어요.

### 150

**패브릭 파티션**
방을 깨끗하게 꾸미고 싶은데 지저분한 것들이 너무 많죠? 그럴 때는 패브릭으로 가리개를 만들어 보세요.

### 156

**에코백**
아름다운 지구를 위한 작은 한걸음! 장 보러 갈 때 들고 다닐 수 있는 에코백입니다.

### 162

**달님이에게 숄더백**
레드 라인이 들어간 린넨으로 양면 숄더백을 만들었어요. 가방 겉감에 소중한 이를 생각하며 수놓아 보세요.

### 168

**슬리브리스원피스 파자마**
여름에 입기 좋은 슬리브리스 원피스 파자마입니다. 스트라이프와 화이트 원단을 사용해서 시원한 느낌을 담았습니다.

### 174

**카메라 케이스**
내 카메라를 부탁해~. 누구나 하나쯤 가지고 있는 디지털 카메라를 안전하게 가지고 다닐 수 있는 케이스.

### 182

**사각 파우치**
볼륨감이 있어 여러 가지 물건을 넣을 수 있어요. 한 면은 라벨을, 다른 면은 아이스크림을 달아 다른 분위기를 연출했어요.

### 192

**네모난 바구니**
이런 저런 소품을 깔끔하게 정리할 수 있는 네모난 바구니입니다. 누빔 원단을 사용해서 튼튼해요.

### 202

**롤 휴지 케이스**
두루마리 휴지에 옷을 입혔어요. 보기에도 좋고 인테리어 효과도 쏠쏠합니다.

### 210

**여행가방 커버**
트렁크에게 레인코트를 입혀볼까요? 방수 원단으로 만들어서 비가 와도 끄떡없어요.

### 218

**피크닉 매트**
소풍갈 때 꼭 필요한 돗자리입니다. 직접 만든 돗자리를 깔고 즐기는 나들이, 생각만으로도 상쾌합니다.

### etc.
전사하는 방법 ...... 070
패브릭펜으로 원단에 글씨 쓰는 방법 ...... 079
라벨 다는 방법 ...... 079
가시도트 다는 방법 ...... 080
아이스크림 아플리케 하는 방법 ...... 088
패브릭 스티커 붙이는 방법 ...... 139
지퍼 주머니 만드는 방법 ...... 140
원단 사선 방향으로 사용하는 방법 ...... 161
아이스크림 만드는 방법 ...... 190
바이어스에 대하여 ...... 198

my first sewing machine
## A to Z

# 시작하기 전,
# 이것만은
# 알아두세요!

# 재봉틀의 주요 명칭

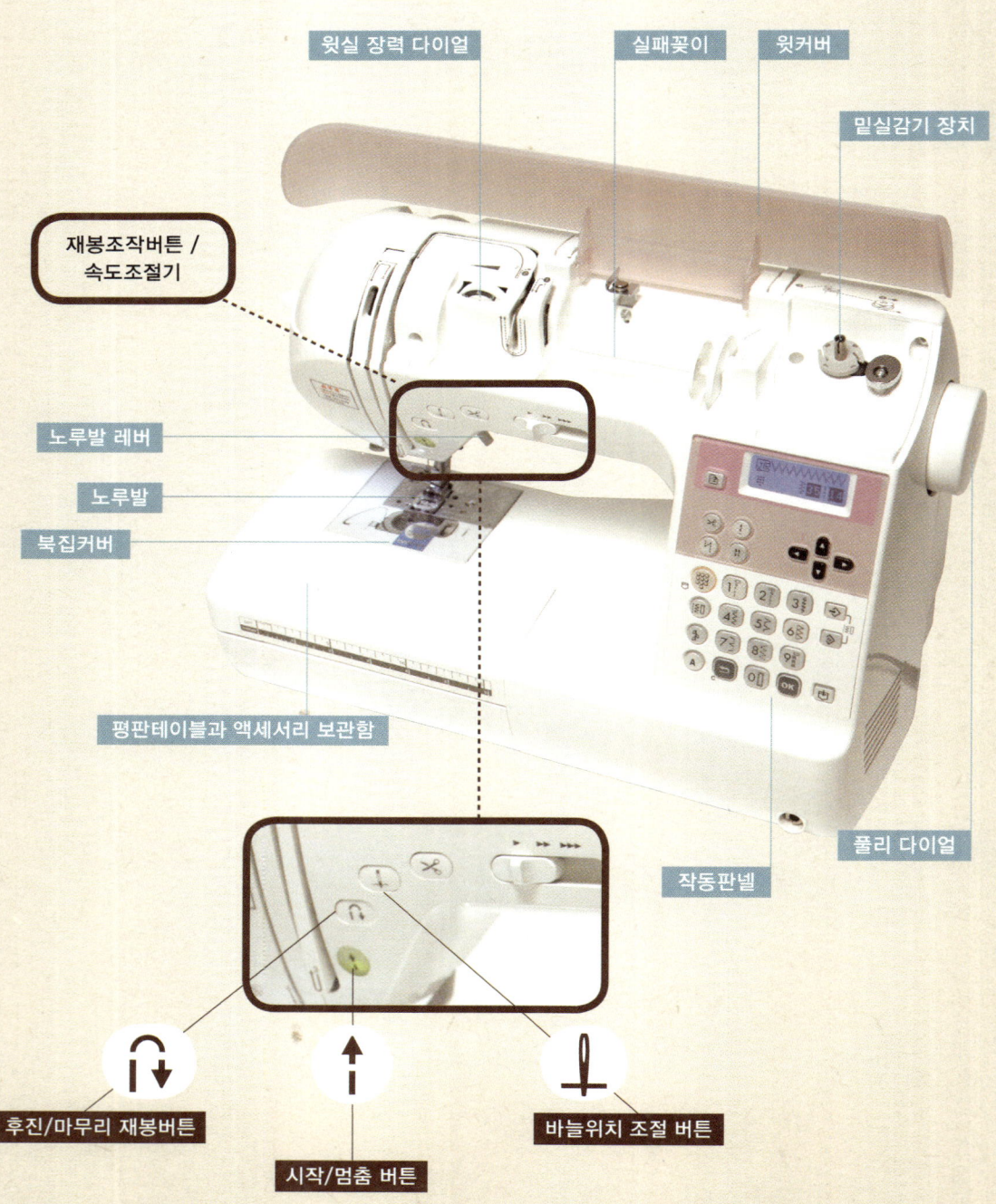

## 재봉틀 사용 방법

### 노루발 교체

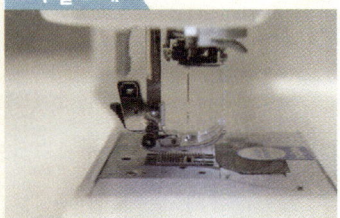

**1** 재봉 용도에 따라 노루발을 교환해야 하는데 풀리를 시계 반대 방향으로 돌려 바늘을 높이 올리고 노루발 레버를 올린다.

**2** 노루발 홀더 뒤의 튀어나온 부분을 누르면 노루발이 빠진다.

**3** 노루발을 끼울 때 노루발 홀더의 홈과 끼울 노루발의 바의 위치를 맞춘다.

**4** 노루발 레버를 내린다.

### 재봉 모양 바꾸기

재봉하고 싶은 모양으로 바꿀 때 원하는 모양의 버튼을 누른다. 직선박기, 지그재그, 단춧구멍 등을 많이 사용한다.

### 실토리에 실감기(밑실감기)

**1** 밑실감기축에 실토리를 끼우고 밑실감기축을 오른쪽으로 민다. 실패꽂이에 실패를 꽂는다.

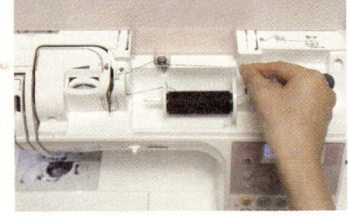

**2** 표시된 곳을 따라 실을 끼운다.(재봉틀에 표시되어 있는 점선이 밑실을 감을 때 실 끼우는 순서다.)

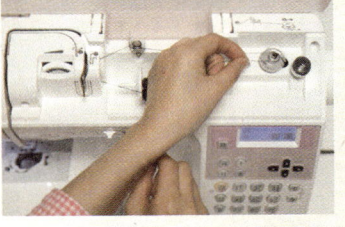

**2-1**

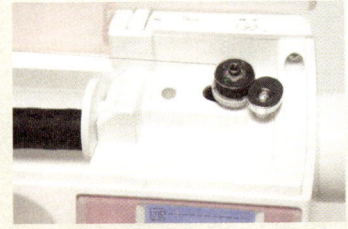

**3** 실토리에 실이 풀리지 않도록 회전 방향으로 4~5회 정도 감고, 실을 밑실감기 아래축의 커터 사이로 통과시킨다.

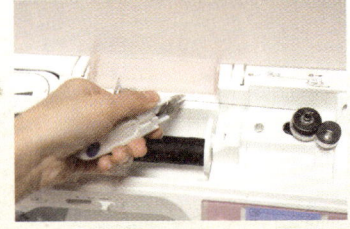

**4** 발판을 밟아 실을 감는다. 모두 감기면 자동으로 작동이 멈춘다.

**5** 실을 자른다.

**6** 밑실감기축을 왼쪽으로 밀어 실토리를 빼낸다.

## 밑실 끼우기

**1** 북집 투명커버를 열고 실토리를 넣는다.

**2** 오른손으로 실토리를 가볍게 누른 상태에서 실을 잡는다. 침판에 표시된 화살표 방향을 따라 실을 걸어 끌어당기면 실이 끊어진다.

2-1

2-2

2-3

**3** 북집 커버를 닫는다.

## 윗실 끼우기

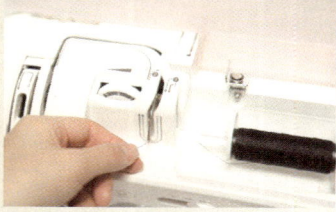

**1** 노루발을 들고 바늘을 높이 올린 뒤 실패꽂이에 실패를 꽂는다.

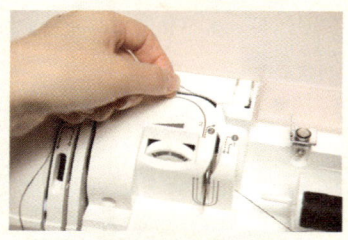

**2** 표시된 대로 실을 끼운다.(재봉틀에 표시되어 있는 실선이 윗실 끼우는 순서다)

2-1

2-2

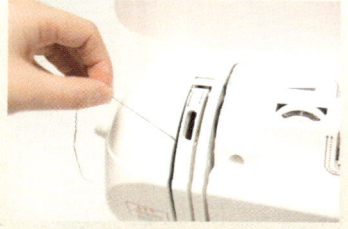

2-3

2-4

### 밑실 끌어올리기

**3** 바늘 바로 윗부분의 실걸이에 실을 건다.

**4** 바늘 구멍에 실을 통과시킬 때는 바늘의 앞쪽에서 뒤쪽 방향으로 끼운다.

**1** 왼손으로 윗실을 가볍게 잡은 상태에서 오른손으로 풀리를 앞으로(시계 반대방향) 돌려 바늘이 내려갔다 올라가게 한다. 윗실을 살짝 올려 밑실이 끌려 나오도록 한다.

### 간격 보는 방법

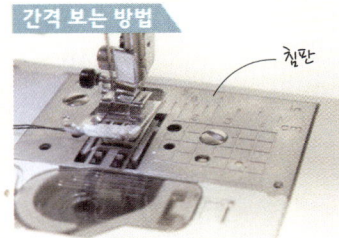

침판

**2** 올라온 밑실과 윗실을 함께 잡고 15cm 정도 끌어 당겨 노루발 밑으로 해서 뒤쪽을 향하게 둔다.

노루발 아래쪽 침판을 보면 노루발 오른쪽 부분에 가이드 라인이 표시되어 있다. 필요한 간격에 맞춰 원단을 대고 재봉할 수 있다.

## 도구 및 재료를 알아볼까요?

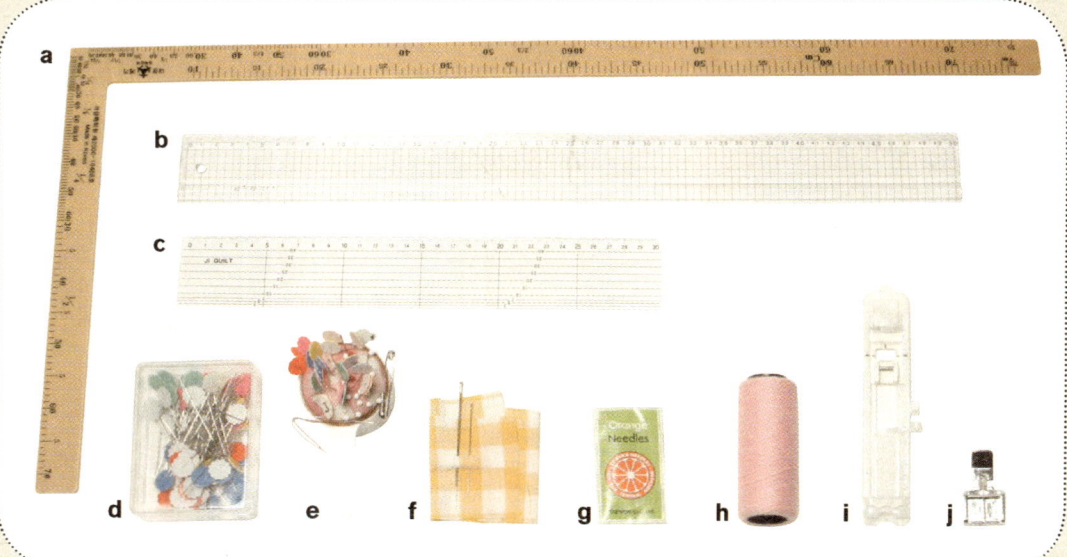

**기본 도구 및 재료 a, b, c 직각자, 50cm 방안자, 시접자** 마름질하거나 사이즈를 잴 때 사용한다. **d 시침핀** 원단을 고정할 때 사용한다. **e 핀쿠션** 시침핀을 꽂아두는 용도로 사용된다. 솜이 들어간 작은 쿠션이다. **f, g 바늘** 재봉용 바늘과 일반 손바늘이 있다. **h 재봉실** 재봉할 때 사용한다. 공업용 재봉실과 가정용 재봉실이 있는데 가정에서도 공업용 재봉실을 사용할 수 있다. * **자수실** 스티치나 글씨, 그림 등을 수 놓을 때 사용한다. **i, j 노루발** 재봉의 용도에 따라 노루발을 바꿔 끼워 사용한다. 노루발 종류로는 외노루발(지퍼노루발), 단춧구멍 노루발, 주름노루발, 말아박기 노루발, 워킹풋 등이 있다.

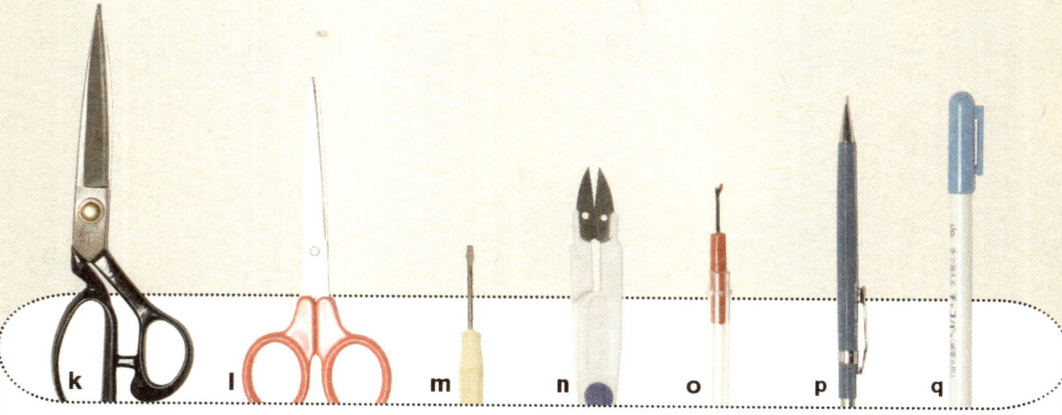

**k 재단 가위** 원단을 자를 때만 사용한다. *재단가위로 다른 것을 자르다 보면 나중에는 잘 들지 않는다. **l 가위** 원단 외에 솜이나 지퍼, 종이를 자를 때 사용한다. **m 드라이버** 노루발을 교체할 때 사용한다. **n 쪽가위** 실을 자를 때 사용한다. **o 실뜯개** 박음질을 잘못했을 때 실뜯개를 이용해 실을 풀거나 잘라낸다. 단추 구멍을 낼 때 사용하기도 한다. **p 0.7mm 샤프** 진한심(2B)을 넣은 샤프는 시접선을 그릴 때 사용한다. 수성펜이 빨리 닳기 때문에 샤프를 병행해서 그린다. 원단이 밀리지 않도록 신경써서 그리되 박음질선(완성선)에는 쓰지 않는 것이 좋다. **q 원단용 수성펜** 물에 지워지는 펜으로 박음질선(완성선)을 표시할 때 많이 쓴다. **etc 다리미** 구겨진 원단을 펴거나 시접을 눌러 다리거나 모양을 잡을 때, 접착심지를 붙일 때 필요하다. *문진 본이나 원단이 움직이지 않도록 눌러주는 물건이다. 본을 대고 원단에 그릴 때 시침핀 의에 문진을 사용하기도 한다.

**그밖의 도구 및 재료 1 패브릭 펜** 원단에 직접 그림을 그리거나 글씨를 쓸 때 사용한다. 세탁해도 지워지지 않는다. **2, 3 라벨** 장식할 때 이용한다. 대개 사각형이지만 긴 테이프 모양도 있다. 풀리는 쪽의 시접을 접고 박음질을 하거나 손바느질로 고정시킨다. **4 심지** 심지는 얇은 원단을 보완해 원단에 힘을 준다. 소프트심지는 부드러운 심지로, 의류에 사용되는 실크심지와 소품에 사용하는 소프트한 심지가 있다. 하드심지는 좀더 빳빳하고 형태를 살리고 싶을 때 사용하는 힘있는 심지다. 보통 한쪽 면에 접착알갱이들이 도포되어 있어 그 면을 원단과 마주대어 다리미로 열을 가해주면 붙게 된다. **5 퀼팅솜** 접착솜, 비접착솜 등이 있다. 2온스, 3온스, 4온스 등이 있으며 용도에 따라 접착 또는 비접착솜을 사용한다. 접착솜은 한쪽 면에 접착알갱이들이 도포되어 있어 그 면을 원단과 마주대어 다리미로 열을 가해주면 붙는다. **6 패브릭 스티커** 원단에 그림이나 글씨를 전사해 놓고 싶을 때 사용한다. * **전사지** 내가 그리고 싶은 그림이나 글씨를 직접 꾸며(스캔을 받거나 그림판과 포토샵을 이용해서) 전사용지에 잉크젯 프린터로 인쇄한 뒤 잘라서 사용한다. *패브릭 스티커와 전사용지는 모두 원단에 대고 다리미로 열을 가해 사용한다.

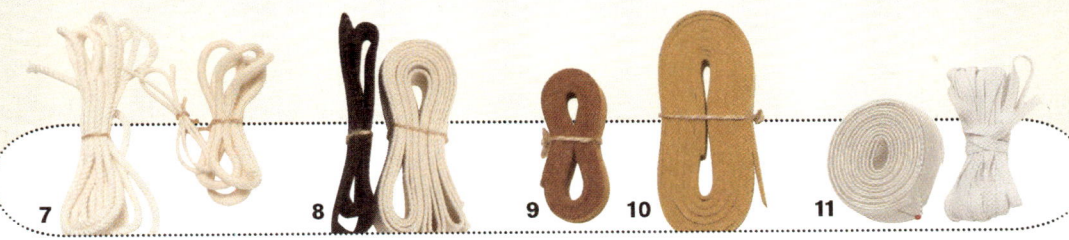

**7 스트링** 면 끈, 가죽 끈 등이 있다. 주머니 등의 끈이나 여밈으로 사용한다. * **핸들** 마무리가 된 가방끈. 가죽으로 된 것도 있고, 가죽과 웨이빙으로 된 것도 있다. 뚫려있는 구멍으로 실을 통과시켜 가방의 몸판과 연결해서 사용한다. **8 웨이빙 끈** 튼튼하게 짜여져 있어 가방 손잡이나 크로스백 끈으로 사용한다. **9, 10 가죽 끈 & 샤무드 끈** 폭이 좁은 끈부터 폭이 넓은 끈까지 다양하다. 가방끈이나 여밀 때 사용한다. **11 고무줄** 바지의 허리단이나 필요한 곳에 고무줄을 넣어 사용한다. 고무줄 너비는 좁은 것, 넓은 것이 있다.

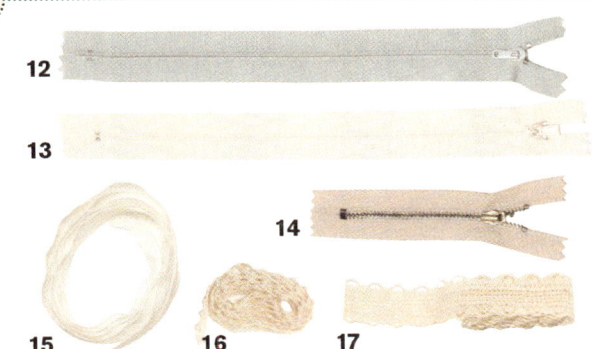

**12, 13, 14, 15 지퍼** 홈패션용 롤지퍼와 장식용 지퍼가 있다. 홈패션용 롤지퍼는 지퍼와 지퍼 고리가 따로 있어 원하는 길이로 잘라 지퍼 고리를 끼워 사용한다. 보통 3호를 이용한다. 장식용 지퍼는 양쪽이 마무리 된 지퍼로 옷(바지)이나 소품에 달 때 사용한다. 지퍼 고리가 끼워져 있으며 마무리된 길이에 맞춰 소품을 만들기도 한다. 끝이 마무리된 지퍼에는 바지지퍼(노출지퍼), 콘실지퍼(숨은지퍼), 접퍼지퍼, 쇠지퍼 등이 있다. **16, 17 레이스&토션** 장식할 때 이용한다. 여러 가지 모양이 있다.

**18 지퍼 고리** 홈패션용 롤 지퍼에 사용하는 지퍼 고리이다. **19 지퍼 고리 장식** 14번과 같은 장식 지퍼의 지퍼 고리에 다는 장식이다. **20 단추** 일반단추, 자석단추, 가시도트, 싸개단추 등 여러 가지가 있다. 여밈이나 장식으로 사용한다.

# 원단

이 책에 많이 사용된 원단에 대해 알아봅니다.

면직물

펠트

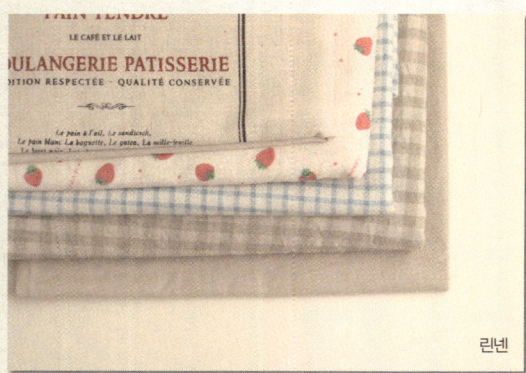

린넨

종이원단

---

**원료에 따른 종류** 면직물, 마직물, 그 외 종이원단, 인조가죽, 펠트 등

**면직물** 천연 섬유 가운데 가장 많이 사용되는데 무명이나 목화솜 등을 원료로 짠 직물이다. 수분의 흡수력이나 통기성이 좋다. 부드러우며 적당한 탄력성을 지녔고 세탁이 쉽다.

**마직물** 천연 섬유인 마사로 짠 직물이다. 마섬유의 종류에 따라 아마, 저마, 황마, 대마직물 등이 있다. 대개 마직물은 내구성과 흡수성, 통기성이 좋다. 물에 강하지만 잘 구겨진다.

**린넨** 린넨은 아마직물로 마 가운데 생산량이 가장 높은 섬유이다. 퓨어 린넨과 하프 린넨으로 나뉘는데 퓨어 린넨은 순수한 100% 린넨으로 다른 섬유와 혼방되지 않아 린넨 만의 특성을 그대로 가지고 있다. 하프 린넨은 주로 면과 혼방된 것으로 혼방 비율은 원단마다 다르다. 퓨어 린넨과 비교했을 때 마가 가진 단점을 보완하고 면이 가진 장점을 더한 원단이라고 할 수 있다. 이 책에서는 주로 하프 린넨을 썼고, 린넨이라고 표기했다. **tip** 세탁했을 때 수축하기 때문에 미리 세탁을 하는 것이 좋다. (*선세탁 참고)

### 두께

원단의 두께를 나타낼 때 30수, 40수 하는 것을 들어 보았을 것이다. 여기에서 말하는 '수'는 '번수'(番手) 혹은 'yarn count' 라고도 한다. 이 번수는 원단을 직조할 때 들어가는 '섬유나 실의 두께'를 나타내는 단위다. 숫자가 클수록 실의 두께는 가늘어진다. 보통 10수는 캔버스면(두껍고 힘이 있는) 정도의 두께, 20수는 옥스퍼드면 정도의 두께, 30수는 퀼트할 때 많이 사용하는 면 정도의 두께, 40수는 30수보다 조금 더 얇다. 60수는 아사(얇고 하늘거리는) 원단 정도의 두께를 말한다. 이 책에서는 30수와 40수의 원단들을 주로 사용했다. 두께를 어느 정도 알고 있어야 인터넷에서 자신이 원하는 느낌의 원단을 구입할 수 있다.

### 짜 임

직물은 날실과 씨실이 직각을 이루면서 짜여졌기 때문에 실의 교차 방법에 따라 평직·능직(트윌)·수자직 등으로 분류된다. 직물의 짜임새는 옷감의 강도·촉감 등과 관련이 있다. 이 책에서는 기본적으로 평직이나 능직(트윌)으로 짜여진 면직물과 마직물을 사용했다.

✤ **평직** 씨실과 날실이 각각 한 올씩 번갈아 교차하여 만들어진 가장 기본적인 조직으로 튼튼하며 세탁이 쉽다. 광택이 없고 구김이 잘 생긴다.

✤ **능직** '트윌'이라고도 부르며 직물 표면에 사선 무늬가 나타난 조직이다. 광택이 있고 부드러우며 구김이 잘 생기지 않는다. 세탁이 쉽다.

### 염 색

✤ **선염** 원단을 만들기 전에 실을 염색해서 직조하는 방법이다. 선염은 후염(날염)에 비해 균일한 염색이 가능하다. 원단의 앞면과 뒷면의 색과 무늬에 거의 차이가 없다.

✤ **날염(나염)** 원단을 직조한 다음 그 위에 염료 등을 찍어 다양한 색이나 무늬를 만들어 내는 방법이다. 원사의 직조에 구애받지 않고 자유로운 색채 표현이 가능하다.

### 선 세 탁

(*워싱이 되어 나오는 원단들도 있지만 그렇지 않은 원단들이 더 많다.) 면직물이나 마직물 등을 세탁하면 수축이 생긴다. 수축의 정도는 원단의 종류에 따라 조금씩 다른데, 면보다는 마가 수축률이 높다. 따라서 원단을 선세탁하지 않고 아이템을 만들면 세탁 후 원단이 줄어들어 모양이 찌그러지거나 틀어질 수 있다. 선세탁은 원단의 수축과 틀어짐, 물빠짐 등을 미리 방지할 수 있다.
선세탁은 미온수에 중성세제를 풀어 1~2시간 정도 둔 뒤 손으로 주물주물하여 헹군 다음 적당히 물기를 빼고(심하게 쥐어짜면 틀어질 수도 있다.) 통풍이 잘 되는 그늘에서 말린다. 적당히 말랐을 때 다림질을 해야 구김이 잘 펴진다. 올이 성근 원단들은 손세탁을 하는 것이 좋다. 진한색 원단이나 날염된 원단은 물이 빠질 수 있으므로 따로 세탁한다.

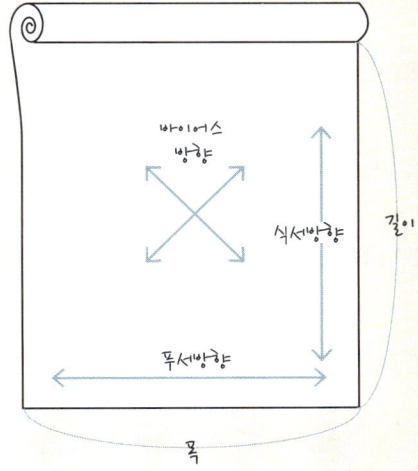

### 원단의 방향

식서는 올이 풀리지 않게 짠 천의 가장자리 부분을 말하는데 그 방향이 식서 방향이다. 1마, 2마 할 때 그 길이의 방향이다. 식서의 직각방향은 '푸서'라고 하며 원단의 폭을 말한다. 원단의 45도 방향은 '바이어스 방향'이라고 하며 잘 늘어나는 방향이다. 즉 식서 방향은 잘 늘어나지 않고, 푸서 방향은 조금 늘어나고, 바이어스 방향은 잘 늘어나는 편이다. 따라서 곡선부분을 처리할 때 바이어스감으로 해주면 울지 않고 깔끔하게 마무리할 수 있다.

**tip** 작은 아이템에서는 식서를 맞추지 않아도 늘어나는 비율이 적어 괜찮지만 큰 아이템이나 옷을 만들 때는 식서를 맞춰주는 것이 좋다.

### 원단의 단위

**원단의 길이** 1마 = 1야드 ≒ 90cm (정확히는 91.44cm)
1마, 2마 할 때 '마'는 보통 90cm를 말한다.
**원단의 폭** 원단의 폭은 110폭(44인치), 150폭(대폭)(60인치) 등이 주로 많고, 그 외에도 여러 폭이 있다.

### 원단의 구입처

동대문종합시장에 가면 원단 및 부자재를 직접 보고 구입할 수 있으며, 인터넷 쇼핑몰을 이용하면 편리하다.
✤ 네스홈 http://www.nesshome.com
✤ 선퀼트 http://www.sunquilt.com
✤ 인패브릭 http://www.in-fabric.co.kr
✤ 심플소잉 http://www.simplesewing.co.kr
그 외에도 여러 구입처가 있다.

# 재단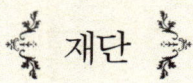

## 책 내용에 따른 재단 방법

**완성선**   박음질이 완성되었을 때 나오는 선

**시접선** 가위질선   시접(시접은 바느질감을 서로 이을 때 필요한 부분이다.)을 그린 선으로 원단에서는 가위질을 하는 선이다. 완성되었을 때는 보이지 않는다.

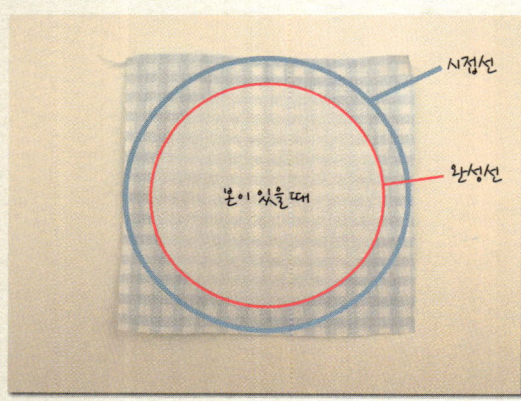

### 본이 있을 때

책 부록에 있는 실물 크기의 본 위에 모조지나 부직포 패턴지 등을 대고 베껴 그려서 사용한다. 원단 안쪽에 본을 움직이지 않도록 고정시키고(시침판을 꽂거나 문진을 올려놓는다.) 수성펜이나 초크로 완성선을 그린다. 본에는 시접이 포함되어 있지 않으므로 시접이 들어갈 것을 생각하고 본을 배치하여 그린다. 본을 대고 완성선을 그린 후에 시접을 더해 시접선을 그린다.

### 본이 없고 사이즈만 있을 때

원단 안쪽에 직각자를 이용해서 완성선을 그린 후 시접을 더해 그린다. 혹은 반대로 시접선을 그리고 그 안쪽으로 완성선(박음질해야 할 선)을 그린다.

### 너치 표시

너치(notch)는 원단과 원단이 맞닿는 봉재를 할 때 같은 위치의 부분끼리 맞추어 연결하라는 표시다. T자를 거꾸로 한 모양이다. 본에 그려져 있는 너치를 원단에 표시한다. 너치는 잘 사용하면 굉장히 편리하고 실수할 위험도 줄여준다. 대개 가위집으로 표시하지만 여기서는 원단용 수성펜으로 표시해서 사용했다.

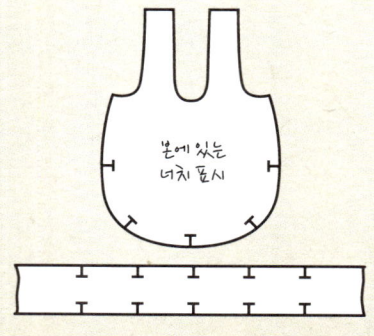

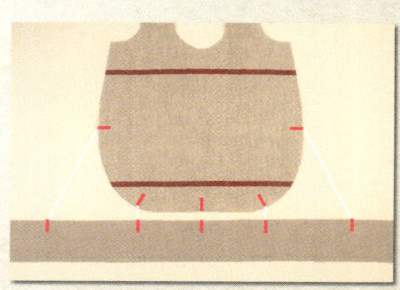

원단에 본을 대고 시접을 그리면서 함께 표시한다.

*이 책에서는 사각파우치와 숄더백 등에 너치 표시를 했다.

## 기본적인 재봉

재봉 원단을 준비한다. 사각형을 박음질하며 직선 박기와 방향 바꾸기, 되돌아 박기를 설명한다.

### 직선 박기

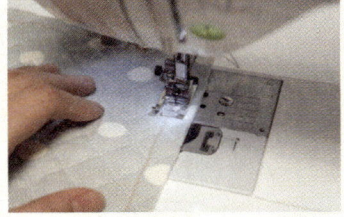

**1** 노루발을 올리고 바늘을 높이 올린다. 모서리 쪽에 바늘과 노루발이 내려오도록 원단을 둔다.

**2** 노루발을 내리고 바늘을 모서리에 맞춰 꽂는다. 발판을 밟아 박음질을 시작한다.

**3** 모서리가 가까워 왔을 때 발판에서 발을 뗀다. 모서리에 못 미쳤을 때는 풀리를 돌려(시계 반대 방향으로) 모서리까지 가서 바늘을 꽂는다.

### 방향 바꾸기

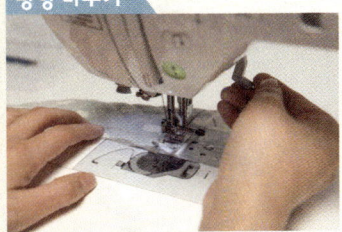

**1** 방향을 바꾸고자 하는 곳에서 재봉을 멈추고 바늘을 모서리에 꽂는다.

**2** 노루발을 들고 바늘을 축으로 하여 원하는 방향으로 원단을 돌린다.

**3** 노루발을 내리고 발판을 밟아 재봉을 시작한다.

### 되돌아 박기

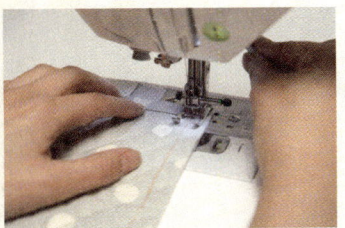

3-1

3-2

**1** 손바느질에서 시작할 때나 끝날 때 매듭을 짓듯이 재봉틀로 바느질할 때도 매듭을 지어야 한다.

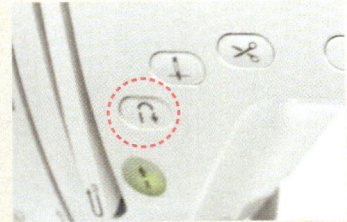

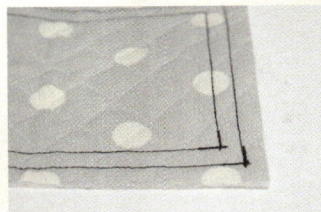

**2** 후진 재봉 버튼을 이용해서 되돌아 박기를 하면 매듭처럼 마무리된다.

**3** 3땀 정도 간 다음 후진 재봉 버튼을 누른 채 발판을 밟아 다시 시작점으로 되돌아간다. 다시 발판을 밟아 박음질을 시작한다. (한 번 정도 더 반복해도 좋다.)

3-1

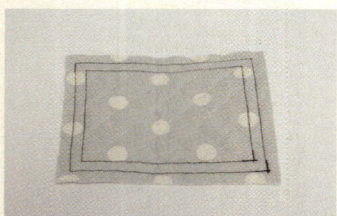

되돌아 박기 완성

**지그재그**

tip 지그재그의 처음과 끝을 마무리 짓고 싶다면 직선재봉으로 되돌아 박기하여 처음과 끝을 처리한다.

**1** 지그재그 재봉 모양을 선택한다. 지그재그로 원단의 올이 풀리지 않도록 처리한다.

**2** 바늘이 한번은 원단을 찌르고 한번은 빈 공간을 찌르도록 원단의 자리를 잡는다.

**단춧구멍 재봉**

2-1

**1** 원단용 수성펜으로 단춧구멍 위치를 표시한다.

**2** 단추 가이드판을 끌어당겨 단춧구멍에 사용될 단추를 넣는다.

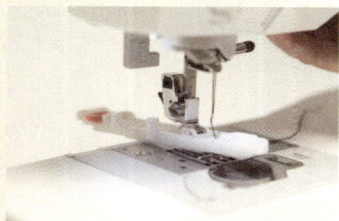

**3** 단춧구멍 노루발을 노루발 거치대에 장착한다.

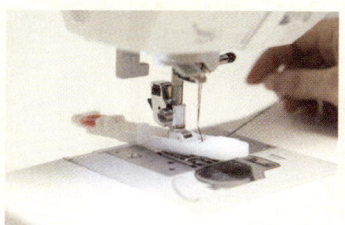

**4** 단춧구멍 재봉 모양을 선택한다. 윗실을 노루발의 구멍으로 통과시킨다.

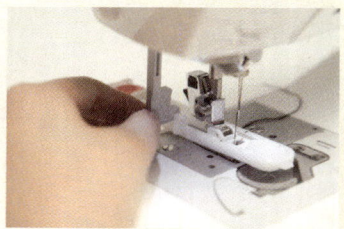

**5** 단춧구멍 레버를 밑으로 내려 단춧구멍 노루발 고리의 뒤쪽에 위치시킨다.

**6** 단춧구멍 노루발의 옆쪽에 있는 빨간색 표시에 단춧구멍 마크의 앞쪽 끝을 맞춰 원단을 놓고 노루발을 내린다.

**7** 왼손으로 윗실을 가볍게 잡고 재봉을 시작한다. 단춧구멍이 만들어지면 자동으로 멈춘다.

**7-1** 노루발을 올리고 천을 꺼내어 실을 자른다. 단춧구멍 레버를 원래의 위치로 올린다.

## 손바느질

**8** 단춧구멍 한쪽 끝에 핀을 꽂고 뜯개칼로 단춧구멍을 낸다.

**8-1** 단춧구멍이 완성된 모습

**홈질** 가장 기본적인 바느질 방법이다. 위로 한 땀, 아래로 한 땀을 연속해서 바느질한다. 원단을 이을 때나 스티치 장식을 할 때 쓴다.

**박음질** 한 땀을 뜨고 다음 구멍에서 나왔을 때 다시 한 땀을 돌아가서 바느질하고, 다음 다음 구멍에서 나왔을 때 또 한 땀 돌아가서 바느질한다.

**공그르기 + 매듭숨기기** 창구멍을 막을 때 쓰는 바느질로, 땀이 겉에서 보이지 않도록 시접 안쪽으로 뜨는 바느질이다.

**1** 매듭이 겉에서 보이지 않도록 안쪽에서 시작한다.

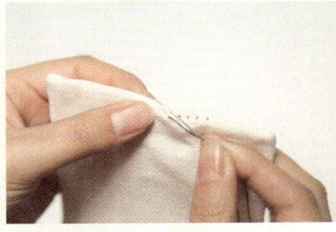

**2** 바늘로 양쪽 시접 사이를 번갈아서 뜨는데 같은 위치로 왔다 갔다 하기 때문에 땀이 거의 보이지 않게 된다.

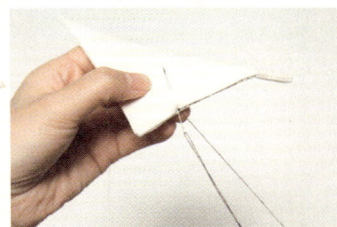

**3** 바느질이 끝나고 매듭을 숨길 때는 매듭을 지은 뒤 매듭 바로 근처에 바늘을 꽂아 원단 사이를 통과해 나온다.

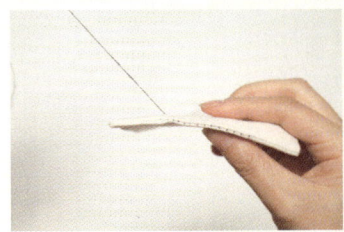

**4** 실을 탁탁 당겨주면 매듭이 원단의 구멍으로 들어가면서 숨겨진다.

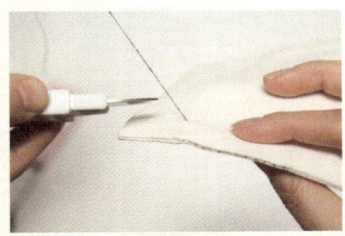

**5** 바깥쪽으로 나온 실은 바짝 잘라준다.

**감침질** 원단을 감는 방식으로 바느질을 한다. 모양은 사선으로 나타난다. 창구멍을 막을 때나 홑겹일 경우 시접이 풀리지 않도록 한다.

재봉틀을 한 번도 만져본 적 없는 '왕초보자'를 위한 실용적인 소품을 만들어 봅니다.

천천히 하나씩 따라하다 보면

이 책에 나온 아이템은 물론 자신만의
스타일대로 응용할 수 있는 실력이 샘솟을 것입니다.

## chapter 1

아주 쉬운 재봉틀

how to

### 앞판 연결하기

**1** 앞판 A, B, C를 시접 1cm로 연결한다.

**2** 시접은 가름솔로 한다.(가름솔은 원단을 이었을 때 시접을 양쪽으로 가르는 것을 말한다.)

### 접착솜 붙이기

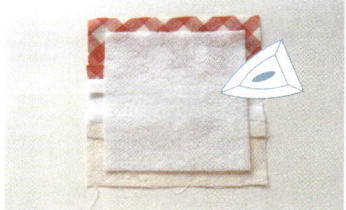

완성한 앞판의 안쪽에 접착솜을 다림질해서 붙인다. (*29쪽 접착솜 붙이는 방법 참조)

### 장식하기

**1** 라벨을 단다. (*79쪽 라벨 다는 방법 참조)

**2** 홈질로 스티치를 넣는다.(원단용 수성펜으로 선을 그린 뒤 홈질하면 삐뚤어지지 않게 할 수 있다.)

### 앞판과 뒷판 연결하기

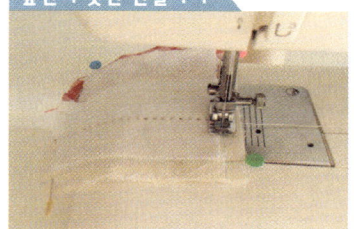

**1** 앞판과 뒷판을 겉끼리 마주 댄다. 옆 중심 쪽에 창구멍(뒤집는 구멍)을 5cm 정도 남기고 앞판과 뒷판을 시접 1cm로 박음질한다.

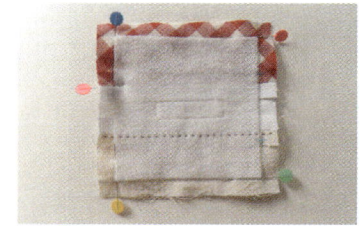

**1-1**

**3** 라벨을 앞판과 뒷판 사이에 끼워 넣는다.(라벨이 움직이지 않도록 시침핀을 꽂는 것이 좋다.)

### 시접 정리하기

**1** 모서리의 시접을 3~4mm 남기고 사선으로 자른다.(그래야 뒤집었을 때 시접 부분이 두꺼워지지 않는다.)

**2** 시접은 안쪽으로 접어 다림질한다.

### 뒤집기

창구멍을 통해 뒤집는다.

## 다림질하기

뒤집은 다음 구겨진 티 매트를 다림질한다. 창구멍의 시접을 안쪽으로 잘 접어 넣고 다림질한다.

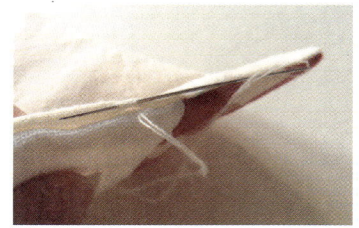

공그르기로 창구멍을 막는다.

finish

## 매일매일의 티매트

자투리 원단을 모아 컬러별 무늬별로 조합하여
다양한 티매트를 만들어 보았어요.
날씨와 기분에 따라 매일매일 맘에 드는 티매트를 골라
사용하는 즐거움이 아주 쏠쏠하답니다.

## 접착솜 붙이는 방법

접착 심지는 심지 쪽에서
다려도 되지만 접착솜은 다리미를 대면
녹을 수 있기 때문에
원단 쪽에서 다림질하세요.

1 원단의 안쪽이 위로 오게 한다.

2 접착솜의 접착 알갱이가 붙어 있는 쪽에 물을 뿌린다.

3 접착면을 원단의 안쪽에 마주 댄다.

4 원단이 겉쪽으로 오도록 뒤집는다.

5 원단의 온도에 맞춰 예열된 다리미로 눌러 다린다. 전체적으로 잘 붙도록 다리미 위치를 옮겨가면서 다린다.

손이 움직일 것 같거나
사이즈가 큰 아이템일 경우 ③에서
시침핀을 군데군데 꽂고
원단 쪽에서 살짝 다림질한 뒤
시침핀을 빼고 다림질하세요.

6 잘 붙었는지 확인하고 잘 붙지 않은 쪽을 다시 원단 쪽에서 눌러 다린다.

tip 접착한 솜을 원단에서 떼면 다시 잘 붙지 않기 때문에 주의해야 한다.

Cup Sleeve & Pot Case

# 컵 슬리브 & 화분 케이스
how to make

컵에 옷을 입혀볼까요?

뜨거운 음료를 마실 때 손이 데지 않도록 컵을 감싸주고 차가운 음료를
마실 때 손에서 컵이 미끄러지지 않도록 해 주는 컵 슬리브.
끈을 조금 길게 하거나 사이즈를 크게 하면 화분 케이스로도 활용할 수 있습니다.

- **완성사이즈**
  19×7cm

- **준비물**
  레드 도트 린넨, 딸기 프린트 린넨,
  퀼팅솜(4온스 비접착솜), 스트링(2mm×18cm),
  단추(지름 1.8cm)

- **재단하기**
  **앞판** 21×9 : 레드 도트 린넨
  **뒤판** 21×9 : 딸기 프린트 린넨
  **앞판 퀼팅솜** 22×10 : 4온스 비접착솜

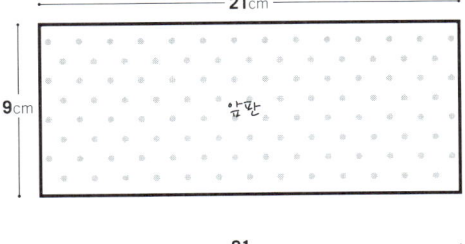

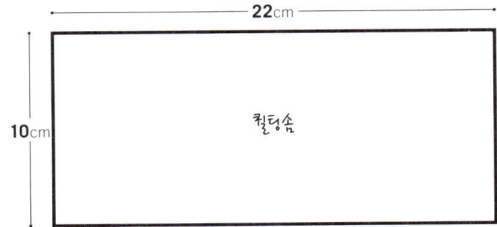

그림을 참고하여 원단의 안쪽에 선을 그려 재단하세요.
본을 이용해서 몸판만드는 방법은 본문에 자세하게 설명했으며
부록에 실물 크기의 본을 수록했습니다.

how to

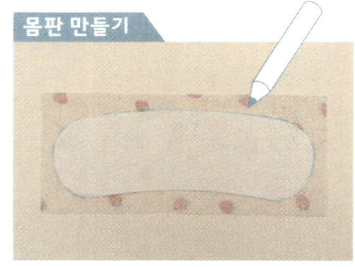

**몸판 만들기**

**1** 뒤판 안쪽에 본을 대고 그린다. (*실물 크기의 본 – 부록 참조)

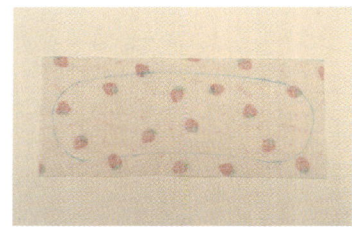

**1-1**

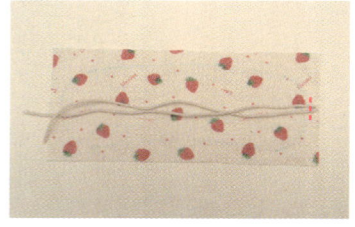

**2-1** 끈을 반 접어 뒤판 겉쪽 시접에 되돌아박기로 고정한다.

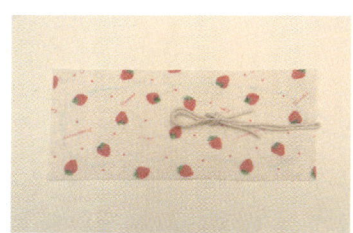

**2-2** 끈을 잘 정리해 둔다.

**3** 솜을 바닥에 둔다. 그 위에 앞판의 겉이 보이도록, 또 그 위에 뒤판의 안이 보이도록 둔다.

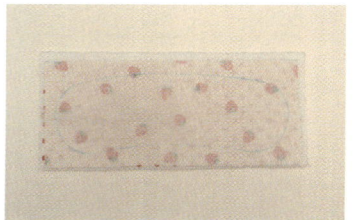

**3-1**

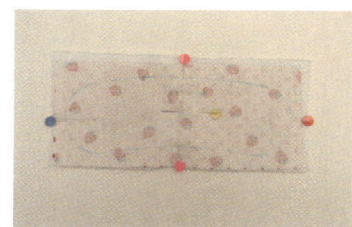

**4** 시침핀을 꽂는다.

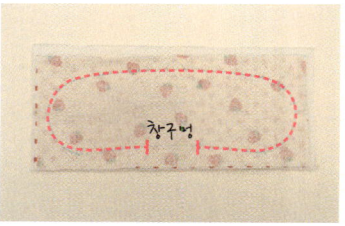

**5** 창구멍을 5cm 정도 남기고 박음질한다.(박음질하면서 끈 고정한 부분을 되돌아박기한다.)

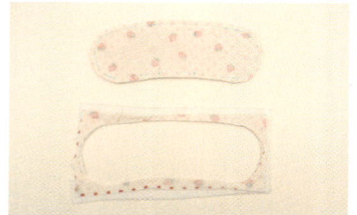

**6** 시접을 0.5cm 정도 남기고 잘라낸다.

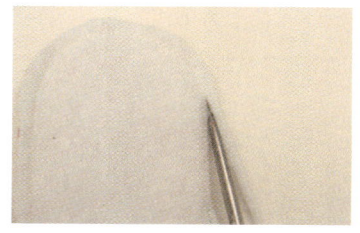

**7** 시접에 있는 솜을 잘라낸다.(나머지 시접은 뒤로 젖혀 손으로 잡고 솜만 자른다.)

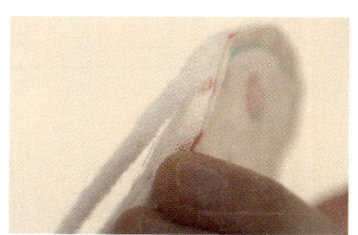

**7-1**

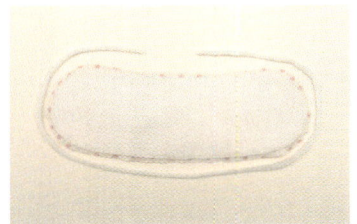

**7-2**

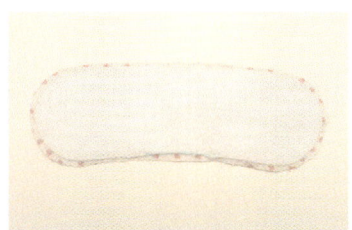

**8** 완성선에서 1~2mm 떨어진 선까지 곡선에 가위집을 넣는다.

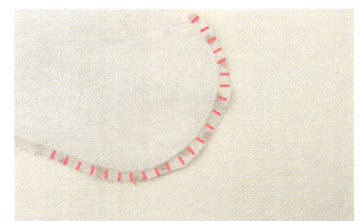

**8-1**

**9** 뒤집는다.

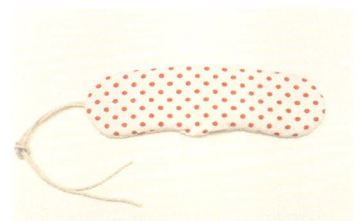

**9-1**

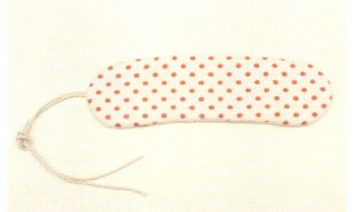

**10** 공그르기로 창구멍을 막는다.

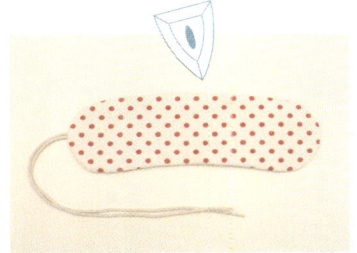

**11** 다림질한다.

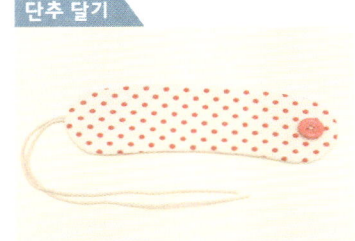

**단추 달기**

단추를 단다.

finish

Name Card Case

## 명함 케이스
how to make

명함이 생기면서 만들게 된 케이스. 스트라이프 원단에 앞뒤로
단추와 마린 와펜을 달아 활기찬 느낌을 주었습니다.
조금 얇은 원단이라 심지를 대서 힘을 주었지요. 케이스 안에 속지를 끼우면
카드와 쿠폰 등을 보관할 수도 있답니다.

## 명함 케이스

● **완성사이즈**
  10×8cm

● **준비물**
  스트라이프 면, 화이트 무지 면, 스카이 체크 면,
  소프트 접착심지, 와펜, 단추, 똑딱이 단추

● **재단하기**
  겉감 18.5×12 : 블루 스트라이프 면
  안감 18.5×12 : 화이트 무지 면
  날개 13×12 2장 : 스카이 체크 면
  뚜껑 8×9.5 2장 : 화이트 무지 면

  심지 16.5×10 2장 : 소프트 접착심지
  뚜껑심지 6×7.5 : 소프트 접착심지

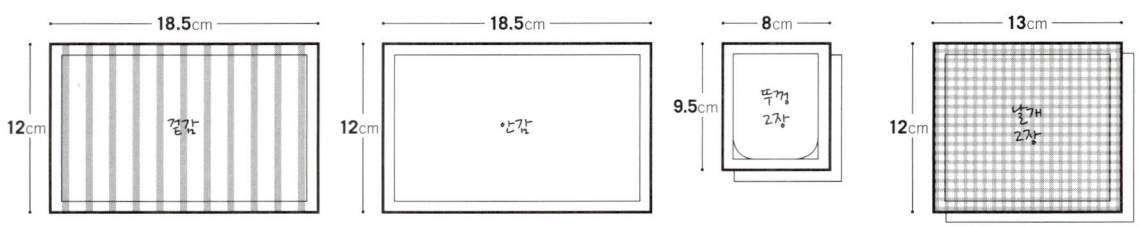

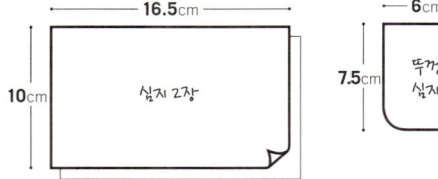

부록에 있는 실물 크기의 본을 이용해 원단의
안쪽 면에 완성선을 그린 후
사방에 시접을 1cm씩 주어 재단하세요.
심지에는 시접을 주지 않습니다.

## how to

### 원단에 심지 붙이기

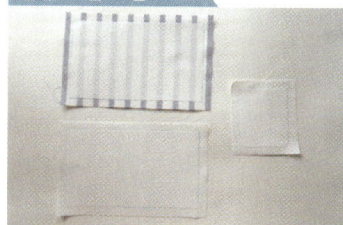

**1** 다리미를 이용해 겉감, 안감, 뚜껑 중 한 장에 각각 심지를 붙인다. 접착알갱이가 묻어 있는 쪽 (거친 부분)을 원단의 안쪽과 마주 대고 다린다.

**1-1**

### 겉감 만들기

**1** 겉감에 데커레이션을 한다. 와펜이나 라벨을 원하는 위치에 단다.(시접이 안쪽으로 접혀들어 간다는 것을 유념하며 달아줄 위치를 정한다.)

**1-1**

### 안감 만들기

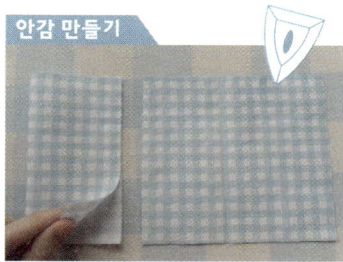

날개 두 장을 반 접어 다린다.

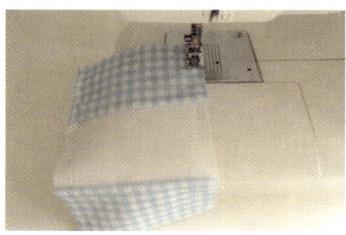

날개를 안감 원단의 겉쪽에 박는다. 접힌 쪽이 중심부로 향하게 박는다.

**tip** 시접이 1cm이므로 완성선과 시접선 가운 데 0.5cm 정도 위치에 박음질하면 된다.

### 뚜껑 만들기

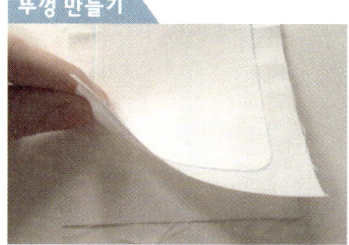

**1** 뚜껑을 겉끼리 마주대고 U자 모양으로 박음 질 한다. 위쪽은 박음질하지 않는다.

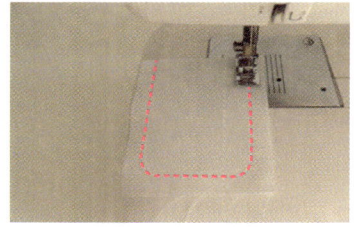

**1-1**

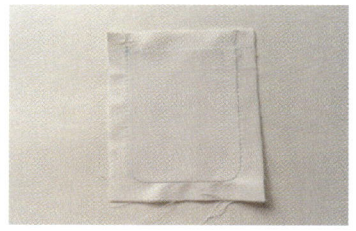

**1-2**

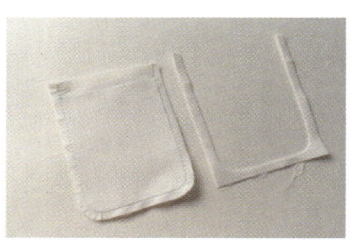

**2** 시접을 0.5cm로 자르고, 곡선 부분에는 가 위집을 넣는다.

3 시접을 안쪽으로 접어 다림질한다.

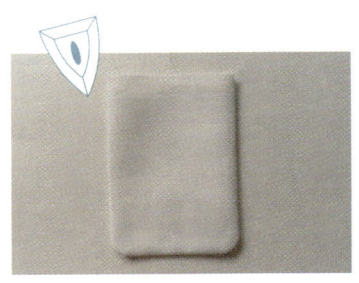

4 뒤집어서 다림질한다.

### 겉감, 뚜껑, 안감 연결하기

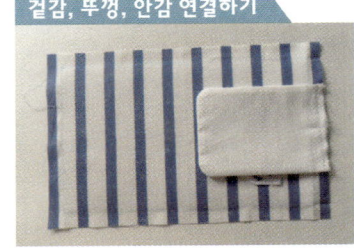

1 겉감의 겉쪽 중앙에 뚜껑을 고정한다. 겉감의 겉과 뚜껑의 겉(뒤집은 상태에서 심지가 붙어있는 쪽)을 마주대고 시접 사이에 고정한다.

2 겉감과 안감을 겉끼리 마주 댄다.

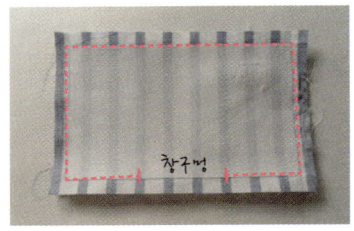

3 창구멍을 5~6cm 남기고 시접 1cm로 박음질한다.

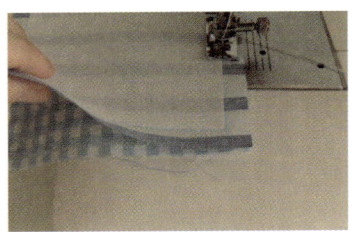

3-1

### 시접 정리하기

1 모서리 시접을 대각선으로 자른다.

1-1

2 시접을 안감 쪽으로 접어 다림질한다.

### 뒤집기

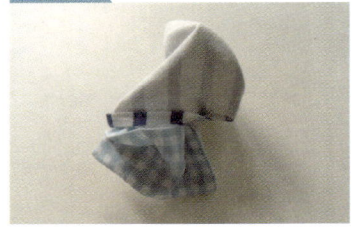

1 창구멍으로 뒤집어 다림질한다.

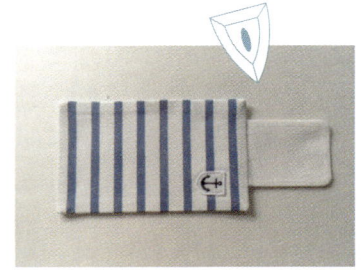

1-1

### 여밈과 단추달기

1 뚜껑의 안쪽과 몸판의 겉에 똑딱이 단추(여밈)를 달 위치를 표시하고 여밈을 단다.(뚜껑의 한쪽 면에 단다.)

**1-1**

**2** 뚜껑의 겉쪽에 단추를 단다. 여밈과 같은 위치에 단다.

### 창구멍 막기

공그르기로 창구멍을 막는다.

finish

Corsage & Hair Band

# 코사지 & 헤어밴드
*how to make*

손바느질로 간단하게 만들 수 있는 코사지와 헤어밴드입니다.
진한색 도트 무늬와 스트라이프 원단에 예쁜 단추로 포인트를 주었어요.
서로 다른 색상과 무늬를 대조시키는 작업이 재미있습니다.

- **완성사이즈**
  9.5×9.5cm

- **준비물**
  퍼플 도트 면, 스트라이프 면, 여러 가지 단추,
  펠트, 크사지대, 글루건과 글루

- **재단하기**
  원단 A 40×4 : 퍼플 도트 면
  원단 B 40×4.5 : 스트라이프 면
  뒷부분 마감용 펠트 5×5 : 머스터드 색

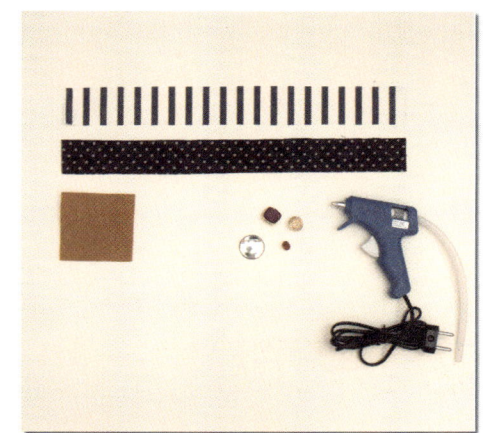

그림을 참고하여 원단의 안쪽에 완성선을 그려 재단하세요. 코사지나 헤어밴드 1개를 만들 수 있는 재료입니다.

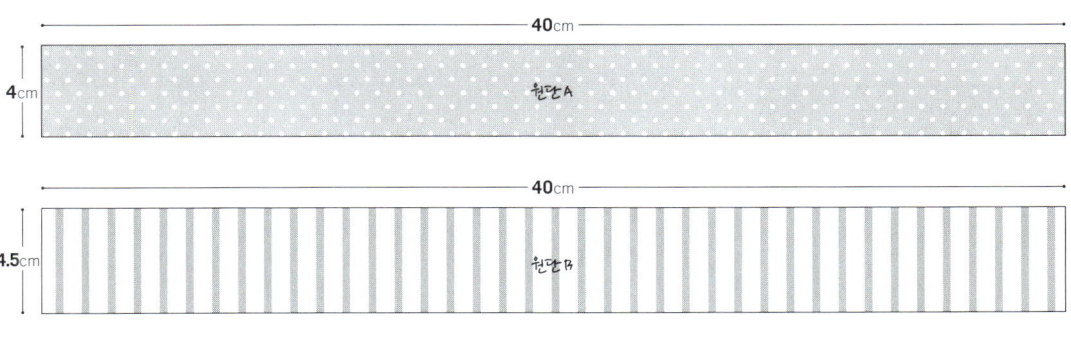

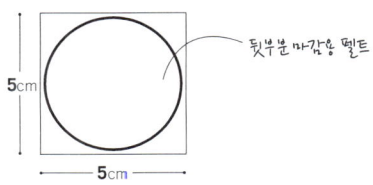

뒷부분 마감용 펠트

## how to 코사지 만들기

### 끝 처리하기

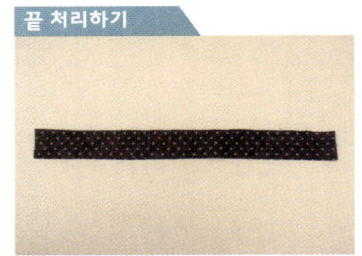

**1** 원단 A를 안끼리 마주보도록 반 접는다.

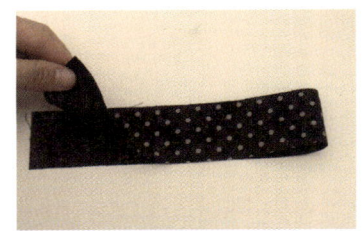

**1-1**

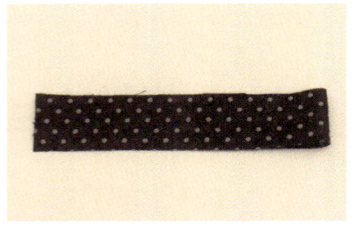

**1-2**

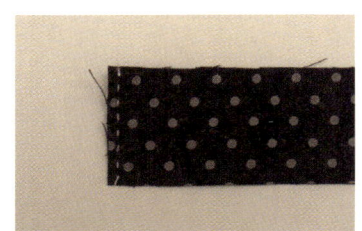

**2** 시접 5mm를 남기고 홈질한다.

**3** 원단을 뒤집는다.

**4** 앞에서 손바느질한 쪽을 시접 7mm로 홈질하여 마무리한다.

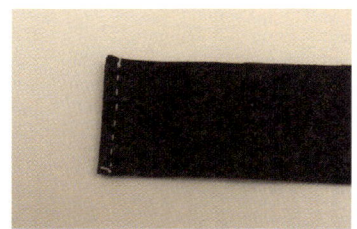

**4-1**

**4-2**

### 한쪽 면 홈질하여 조이기

**1** 5mm 간격으로 빙 둘러가며 홈질하되 끝마무리는 하지 않는다.

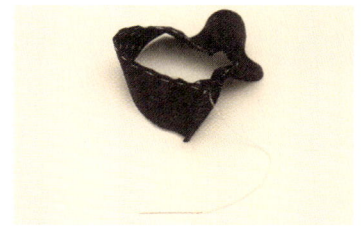

**1-1**

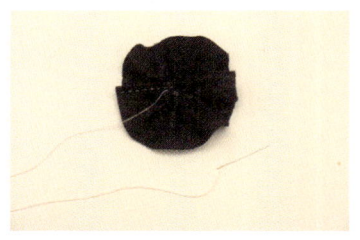

**2** 마무리 하지 않은 실을 당겨 주름을 만든다.

**3** 주름진 가운데 부분을 몇 번 더 떠서 매듭을 지어 고정시킨다.

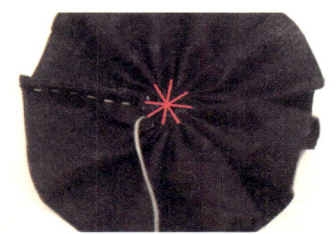

3-1

3-2

**4** 원단 B도 같은 방법으로 만든다.

모양이 만들어진 상태

### 두 장 겹쳐 고정하기

두 장을 겹쳐 가운데를 손바느질로 고정한다.

### 단추 달기

**1** 단추를 달기 전에 단추의 위치를 먼저 잡고 맞춰 하나씩 단다.

1-2

1-3

1-4

1-5

## 뒷부분 처리하기

**1** 코사지의 뒷부분을 깔끔하게 처리하기 위해 펠트를 원모양으로 잘라서 준비한다.

1-1

1-2

1-3

1-4

1-5

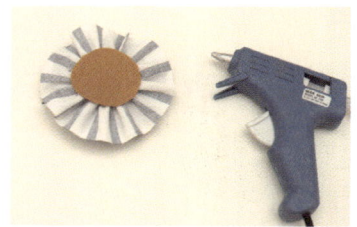

**2** 글루건을 이용해 코사지에 펠트를 붙인다.

2-1

2-2

## 코사지대 붙이기

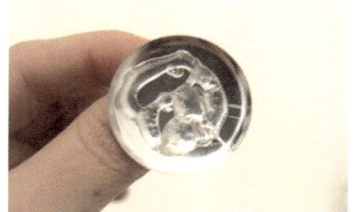

**1** 글루건으로 코사지대를 붙인다.

1-1

**tip** 원단의 올을 풀면 빈티지한 느낌이 난다.

page : 045

*how to* 헤어밴드 만들기

**1** 헤어밴드에 달 코사지는 조금 작게 만든다.

**2** 헤어밴드대에 코사지를 대고 글루를 바를 부분을 표시한다.

2-1

2-2

**3** 헤어밴드대에 글루로 코사지를 붙인다.

**4** 펠트를 코사지보다 조금 작게 원모양으로 자른 뒤 글루를 바른다.

**5** 헤어밴드에 고정된 코사지 뒤편에 붙여 깔끔하게 완성한다.

finish

## 비닐봉지 보관 주머니
*how to make*

부엌 서랍을 열면 각종 비닐봉지가 한가득입니다.
지저분해 보이는 비닐봉지를 깔끔하게 보관하려고 주머니를 만들었어요.
위로 비닐봉지들을 넣고 아래로 하나씩 뽑아 쓰면 된답니다.
부엌에 재미있는 풍경을 더하고 싶어
깐깐한 페르디난도 요리사를 탄생시켰는데, 어떤가요?

아플 사용 재율풀 : 1

for Plastic Bag

**1** 솔기를 1cm 접고 다시 2cm 접어서 바느질 한다.

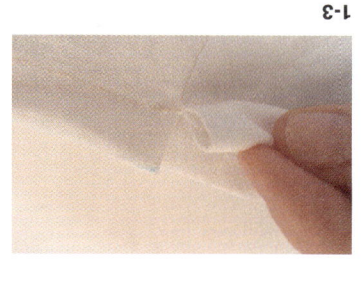

**2** 윗몸의 시접을 사방에 넣고 장기를 2cm 접고 다시 2cm 접어서 바느질한다.

1-3

티보 안울기

1-2

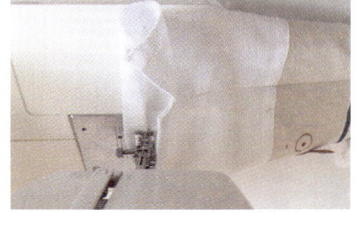

**4** 시접을 가른도록 처리한다.(다림질하기)

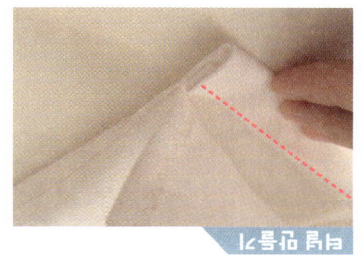

2-1

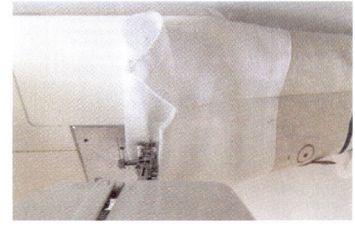

**2** 안감의 걸을 입감의 걸과 마주 대고 안감을 시접에 끝을 맞추도록.

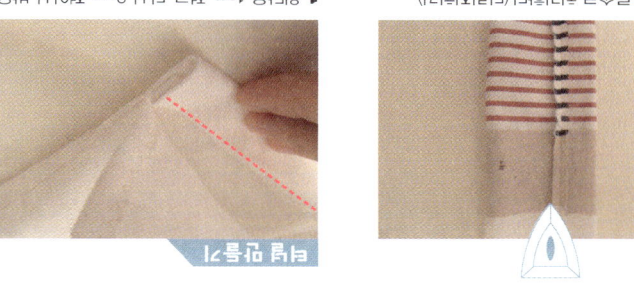

**3** 으르쪽 아래 5cm만 남기고 남은 원단을 시접 1cm 로 바느질한다.

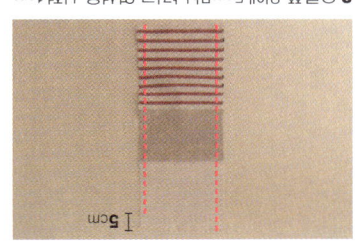

2-1

**6** 시접을 갈라놓고 다림질한다.

**1** 끝을 바느질 흔들 잘 정돈다.(완성선 바느질 한 후 있는 바느질을 한 번에 빼입에 고정한다.)

손잡이 만들고 배치하고 고정하기

안감과 겉감 얹장이 끝을 가져와 바꾸어 세동으로 시접에 고정한다.

안감에 뒤집어 입감하기

how to

### 밑단 시접 만들기

 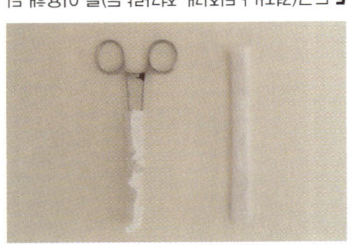

1 앞, 뒤판 몸통 원단 시접을 안쪽으로 접기 위해 마감 재봉 시침핀 꽂아 고정한다.

2 시접을 마감재봉 일정한 폭으로 아래쪽으로 한 번 더 접고, 시침 후 일정 폭으로 재봉한다.

### 앞판 옆트임 만들기

 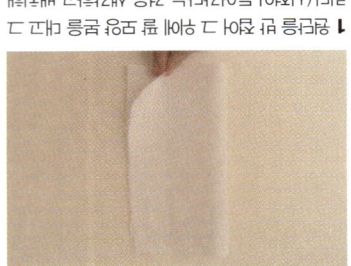

1 앞판에 옆트임 패턴지를 대고 수성펜 등 마감 가능한 펜으로 옆트임 위치를 그린다.

4 원판 안쪽이 마감재로 테두리를 재봉한다.

3 시접한다. 시접은 원단 절개 방향으로 정리 시킨다. (1~2mm 정도 분여 자르 두고 자른다. ※시접이 고정되도록 얇게 꺾어 시침질을 하고 바이어스로도 처리한다.)

### 밑단 만들기

1-1

1 앞판과 뒤판 안쪽 위에 밑단 원단을 대고 그 위에 (시접이) 들어갈 크기만큼 겹친다고 생각하고 재봉해 시침한다. ※밑단 크기는 원단 - 여분 정도.

### 말임끝기

 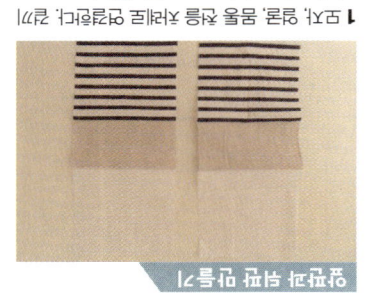

3 시접은 0.5cm 정도 남기고 자른다.

4 곡선지역 가위집을 둥근 모서리, 말림지역에서 1~2mm 간격으로 넣어서 넣기 자른다.

5 송곳(집게) 쇠지관, 장가락, 젓가락 (등)을 이용해 뒤집는다.

2 위 그림과 같이 안쪽 시접 시침질한다. (양쪽 2곳 똑같이 바느질해 놓는다.)

## 5 비닐봉지 보관 주머니

● **완성사이즈**
14×33cm

● **준비물**
페이트 무지 린넨, 베이지 린넨, 스트라이프 천,
페이트 공단 텔레, 면끈 20cm,
고무줄, 빼리펠, 단추

● **재단하기**
모자 16×15 2장 : 페이트 무지 린넨
몸통 16×10 2장 : 베이지 무지 린넨
밑면 16×18 2장 : 스트라이프 천
끝 16×17 : 페이트 무지 린
수염 5×3 : 페이트 공단 텔레

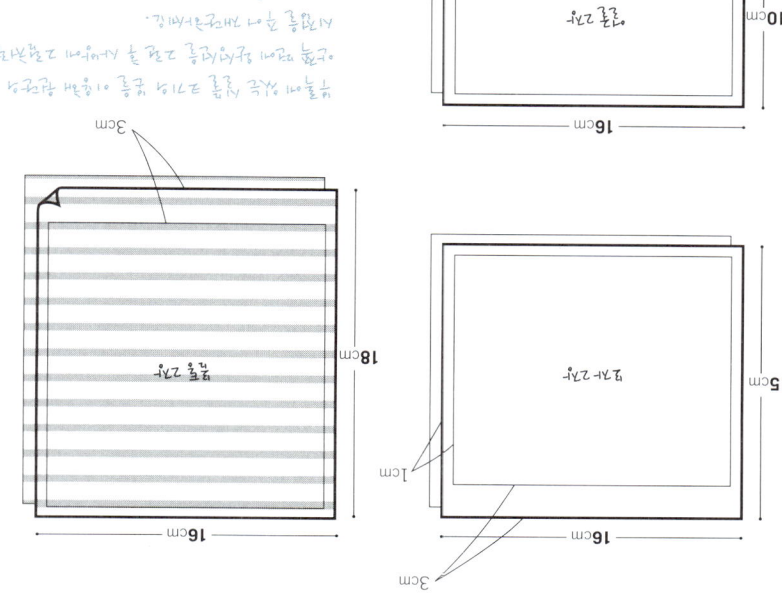

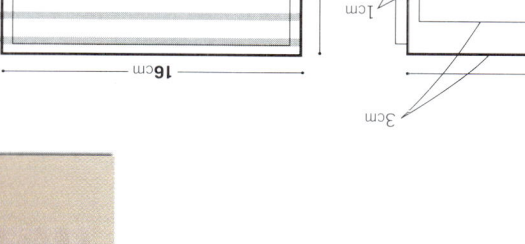

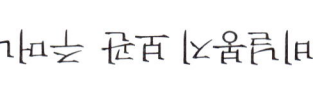

page : 051

### 끈·고무줄 넣기

**1** 모자 부분에 옷핀이나 도구를 이용해 끈을 넣고 함께 묶어 매듭짓는다.

**2-2**

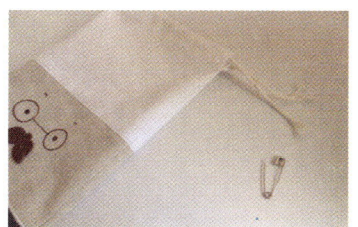

**1-2**

**1-3**

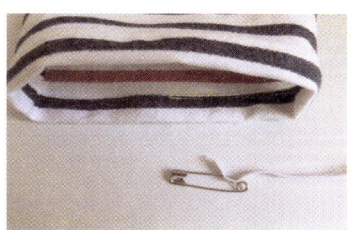

**2** 아랫단에 옷핀이나 도구를 이용해 고무줄을 넣고 당겨 적당한 길이로 매듭 짓는다.(비닐을 뽑을 수 있을 정도)

**2-1**

**3** 몸통 부분의 창구멍을 박음질하여 막는다.

### 모양 만들기

팔짱을 끼워 마무리.

### 이렇게 사용하면 좋아요

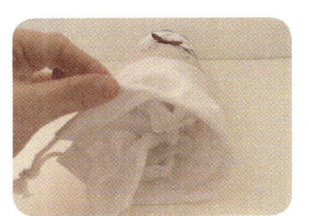

**1** 비닐봉지를 위로 넣는다.

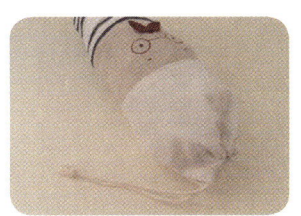

**2** 윗 부분을 살짝 조인다.

**3** 비닐로 발 형태를 만든다.

# 바리스타 인형
how to make

부엌 창가 혹은 테이블에 놓으면 기분 좋아지는 인형입니다.

그의 직업은 바리스타! 원하는 커피는 무엇이든 만들어주는 예스바리스타랍니다.
커피를 음미하고 있는 표정이 귀엽지 않으세요?

## 6 바리스타 인형

● **완성사이즈**
  7×18cm

● **준비물**
  브라운 체크 면, 베이직 무지 린넨,
  화이트 무지 면, 브라운 무지 린넨, 솜, 패브릭 펜, 겸자

● **재단하기**
  앞판 A(두건) 6×9 : 브라운 체크 면
  앞판 B(얼굴) 6×9 : 베이직 무지 린넨
  앞판 C(상체) 6×10 : 화이트 무지 면
  앞판 D(하체) 7×10 : 브라운 무지 린넨
  두건꼬리 6×6 : 브라운 체크 면
  뒤판 10×17 : 베이직 무지 린넨
  팔, 다리 14×16 : 화이트 무지 면

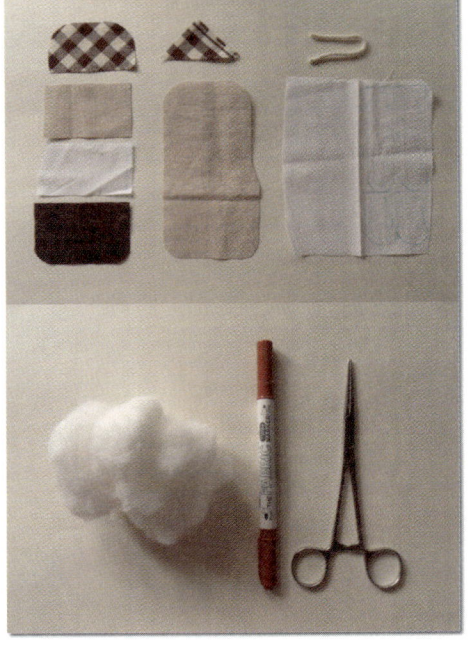

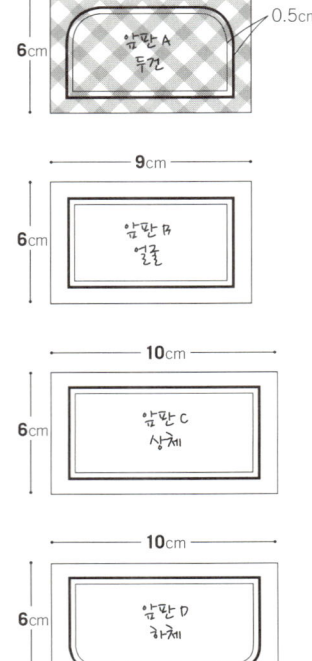

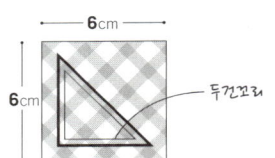

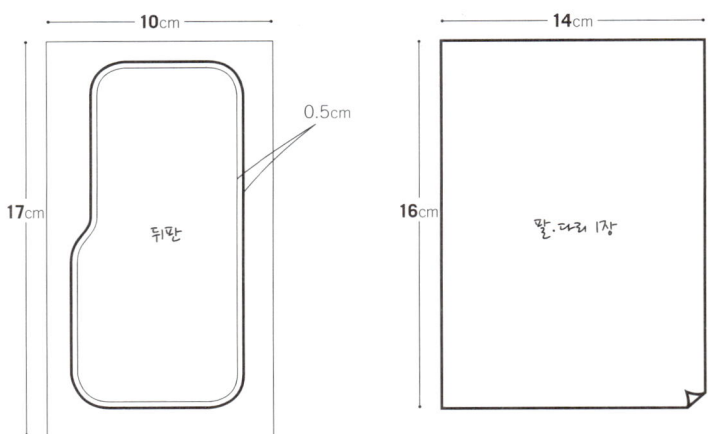

부록에 있는 실물 크기의 본을 이용해
원단의 안쪽 면에 완성선을 그린 후 사방에
시접을 0.5cm 씩 주어 재단하세요.
팔,다리 부분 재단은 본문을 참고하세요.

page : 055

how to

### 앞판 연결하기

**1** 앞판 A, B, C, D를 차례로 연결한다. 겉끼리 마주대고 시접 0.5cm로 박음질한다. 시접은 위에서부터 위쪽, 아랫쪽, 아랫쪽으로 둔다.

**1-1**

### 상침하기

시접 방향 쪽으로 1~2mm 간격으로 겉쪽에서 상침한다.(* 상침은 시접을 고정해주는 역할을 하고 겉에서 박음질선이 보이기 때문에 장식으로 쓰이기도 한다.)

### 패브릭 펜으로 표정과 옷 그리기

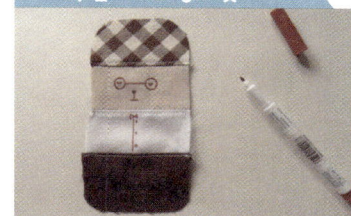

패브릭 펜으로 얼굴과 셔츠의 앞자락과 리본을 그린다.(펜으로 그리는 대신 수를 놓아도 좋다.)

### 두건꼬리 만들기

**1** 반을 접어 한쪽면을 먼저 재봉한다.

**1-1**

**1-2**

**2** 뒤집는다.

**2-1**

**3** 아래의 뾰족한 쪽을 위쪽으로 접어 올려 다림질한다.

### 팔, 다리 만들기

**1** 원단을 반 접어 그 위에 본을 대고 그린다.

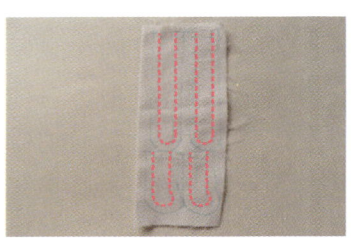

**2** 위 그림과 같이 윗부분은 빼고 박음질 한다. (땀수 2로 촘촘하게 박음질한다.)

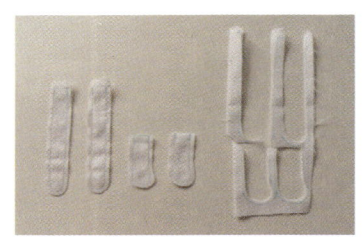

**3** 시접을 0.3cm 정도 남기고 자른다.

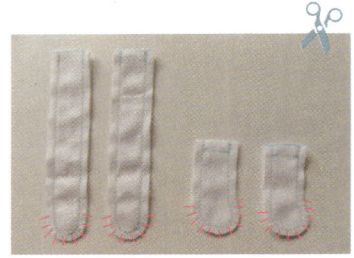

**4** 곡선부분에 가위집을 넣는다.(완성선에서 1~2mm 정도 떨어진 선까지)

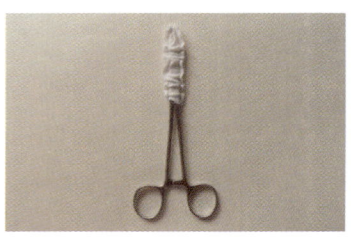

**5** 도구(겸자나 뒤집개)를 이용해 뒤집는다.(젓가락으로 뒤집어도 된다.)

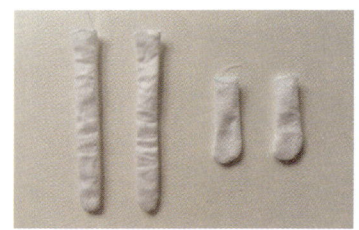

**5-1**

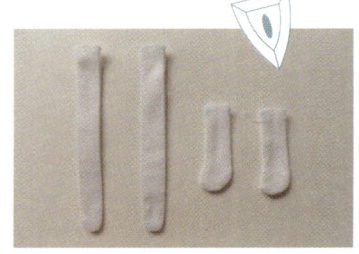

**6** 시접을 정리하고 다림질한다.

### 앞판에 팔과 다리 고정하기

팔 다리를 몸통의 적당한 위치에 배치하고, 박음질로 시접사이에 고정한다.

### 앞판과 뒷판 연결하기

**1** 팔은 핀으로 고정해 둔다.(완성선 박음질할 때 같이 박음질되면 안 되기 때문에 고정한다.)

**2** 앞판의 겉과 뒷판의 겉을 마주 대고 완성선에 핀을 꽂는다.

**2-1**

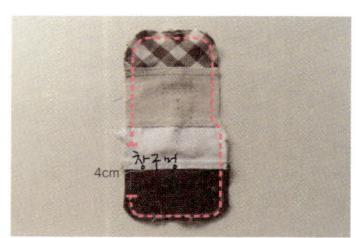

**3** 창구멍을 남기고 시접 0.5cm로 촘촘하게 박음질한다.(땀수 2) 팔에 고정한 핀을 뺀다.

**4** 곡선부분에 가위집을 넣는다.(완성선에서 2~3mm 정도 떨어진 선까지)

### 뒤집기

**1** 창구멍을 통해 뒤집는다.

**1-1**

### 다림질하기

잘 정리하고 다림질한다.

### 솜 넣기
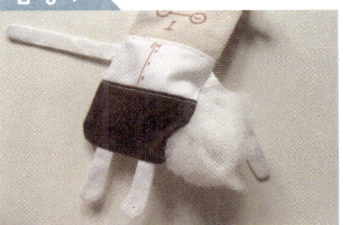
적당한 양의 솜을 창구멍으로 넣는다.

### 창구멍 막기
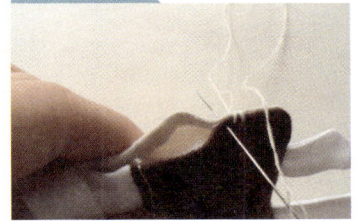
**1** 감침질이나 공그르기로 창구멍을 막는다.

**2** 팔짱을 껴 준다.

finish

String Pouch

7

# 스트링 파우치

how to make

우리 주변에는 정리할 것들이 너무 많아요. 화장품, mp3,
양말, 속옷, 자질구레한 물건들…….
간단한 조리개 주머니로 우리 모두 '정리의 여왕'이 되어볼까요?
여행을 갈 때도 아주 유용한 아이템입니다.

## 7 스트링 파우치

- **완성사이즈**
  28×32cm

- **준비물**
  핑크 체크 린넨, 스트라이프 린넨,
  화이트 무지 린넨, 면끈 70cm 2줄, 라벨

- **재단하기**
  겉감 A 30×20 2장 : 핑크 체크 린넨
  겉감 B 30×14 2장 : 스트라이프 린넨
  안감 30×36 2장 : 화이트 무지 린넨

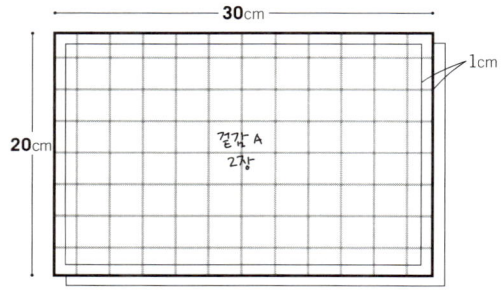

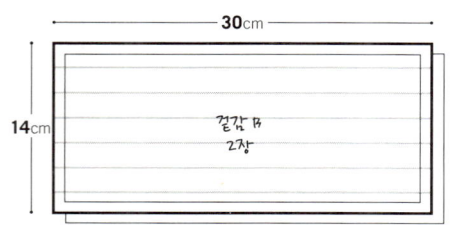

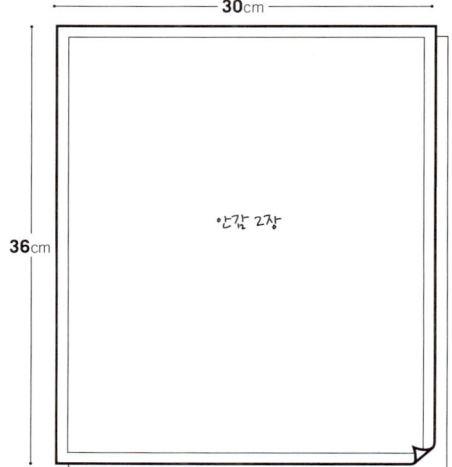

그림을 참고하여 원단의 안쪽에 완성선을 그려 재단하세요.
사방 시접은 1cm입니다.

### 겉감 만들기

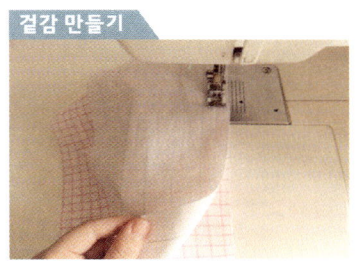

**1** 겉감 A와 B를 연결한다. 시접은 아래쪽으로 두고 다린다.

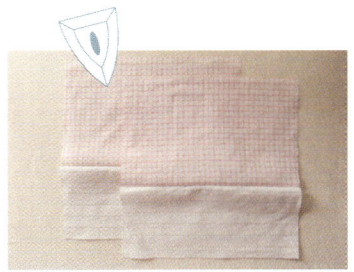

**1-1**

**2** 겉쪽 연결부분에서 시접 방향 쪽으로 1~2mm 간격으로 상침한다.

**3** 라벨을 단다. 이 작품에서는 전사해서 만든 라벨을 사용했다.(*70~71쪽 전사하는 방법 참조, 실물 크기의 본 – 부록의 라벨 도안 참조)

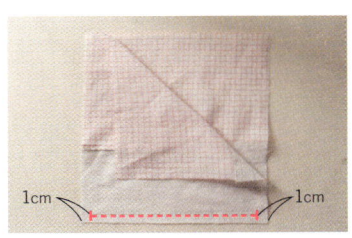

**4** 연결한 겉감 두 장을 겉끼리 마주댄 다음, 아래쪽에 시접 1cm를 두고 박음질한다. 양옆 1cm는 박음질하지 않는다.

### 안감 만들기

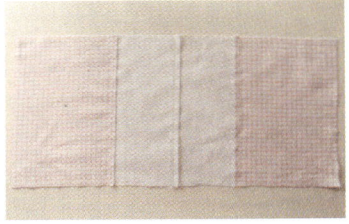

**5** 시접은 가름솔로 한다.

**1** 안감 두 장을 겉끼리 마주대고 아랫단을 시접 1cm로 양옆을 1cm 빼고 박음질한다. 시접은 가름솔로 한다.

**1-1**

### 겉감과 안감 연결하기

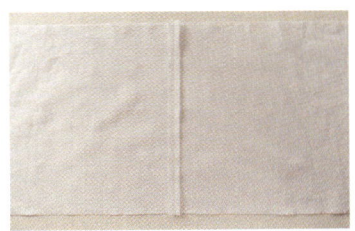

**1-2**

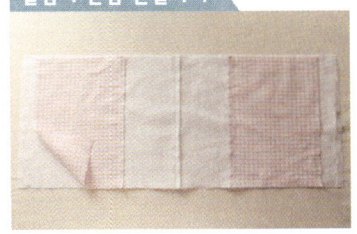

**1** 위쪽을 이어주는 작업이다. 겉감과 안감의 겉끼리 마주대고 윗선을 맞춰서 시접 1cm로 박음질한다.(안감이 더 큰 것이 맞다.) 시접은 아래쪽으로(체크 쪽으로) 내려 다림질한다.

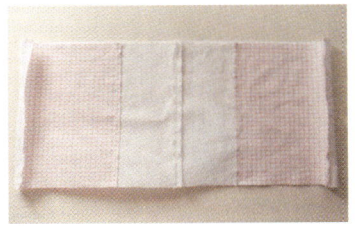

**1-1**

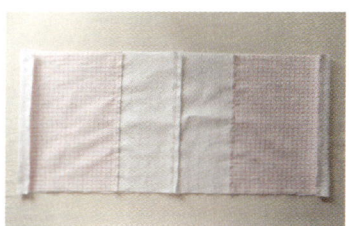

**1-2**

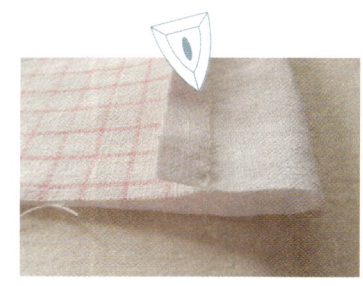

**1-3**

### 옆선 박음질하기

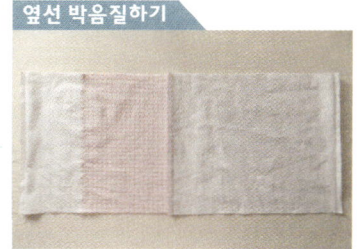

**1** 겉감은 겉감끼리 마주대고 안감은 안감끼리 마주대어 접는다.

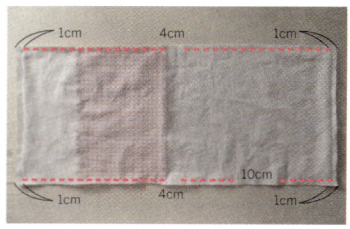

**2** 완성했을 때 끈이 들어갈 터널구멍(4cm)과 창구멍(10cm)을 남기고 옆선을 시접 1cm로 박음질한다. 사방 시접을 1cm씩 빼고 박음질한다.

### 바닥 만들기

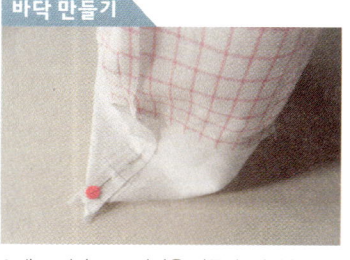

**1** 네 모서리 모두 바닥을 만든다. 시접은 모두 가름솔로 한다. 옆선과 바닥선을 마주대어 핀을 꽂는다.

**1-1**

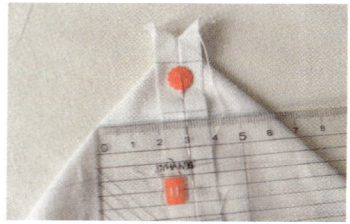

**2** 바닥선에 잘 맞춰 시침핀을 꽂고, 6cm 위치에 선을 긋는다.(중심에서 양쪽으로 3cm씩 나가야 완성했을 때 바닥이 삐뚤어지지 않는다.)

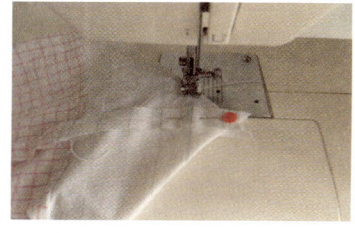

**3** 그린 선에 맞춰 박음질한다.

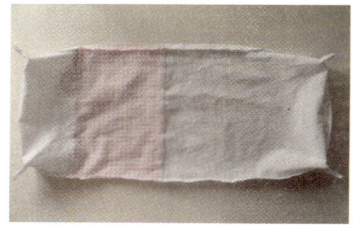

**3-1**

### 뒤집기

**1** 창구멍으로 뒤집는다.

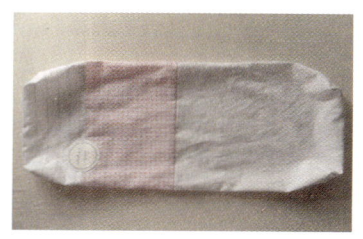

**1-1**

### 안감을 겉감 안으로 넣기

**1** 겉에서 봤을 때 안감이 겉으로 나오는 만큼을 원단용 수성펜으로 표시하고(2cm), 그 선을 기준으로 안감을 겉감 안쪽으로 접어 넣는다.

page : 063

**1-1**

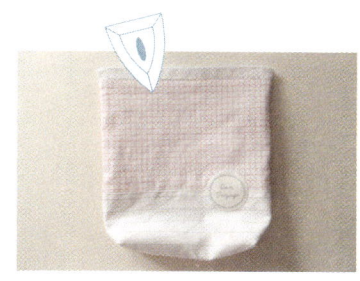
**2** 입구부분을 다림질한다.

### 터널 만들기
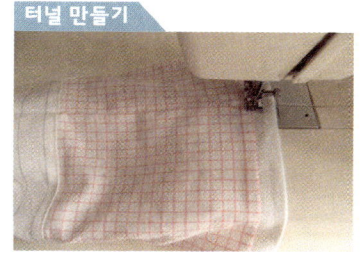
**1** 시접이 아래쪽으로 향해 있는지 확인하고 박음선에서 안감쪽으로 1~2mm 위치에 상침한다.

**1-1**

### 창구멍 막기
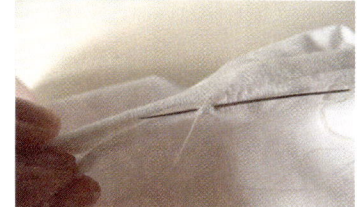
안감 창구멍을 공그르기로 막는다.

### 끈 넣기
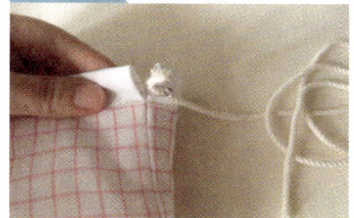
**1** 끈을 끼우는 도구나 옷핀을 이용해서 끈을 터널 안으로 넣는다.

**2** 두 선이 만나면 매듭을 짓는다.

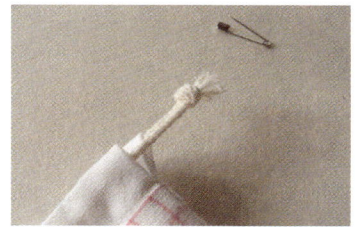
**2-1**

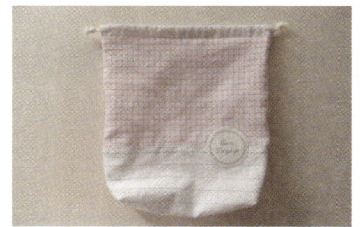
**3** 반대쪽에도 똑같이 끈을 넣어준다.

### 끈 만드는 방법
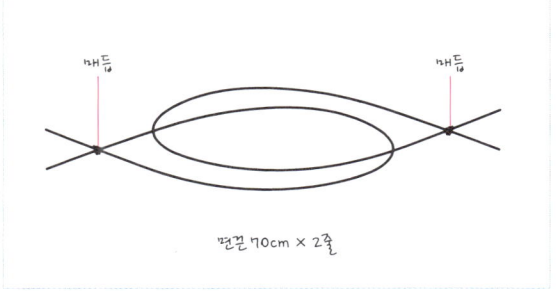
면끈 70cm × 2줄

finish

## 메시지 쿠션
*how to make*

메시지를 담아 선물하세요! 원하는 그림이나 전하고 싶은
글귀를 담아 쿠션을 만들어 봅니다.

전사용지에 프린터로 인쇄한 뒤 인쇄한 전사지를 원단에 대고 다림질하면
세상에 하나밖에 없는 쿠션이 완성됩니다.

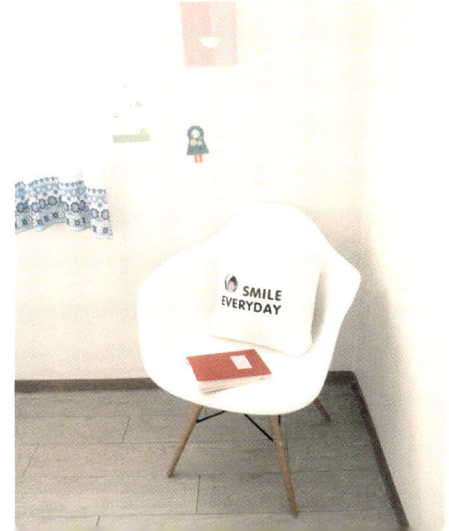

## 8 메시지 쿠션

- **완성사이즈**
  40×40cm

- **준비물**
  화이트 옥스포드 면, 40×40 쿠션솜,
  홈패션용 롤 지퍼 약 35cm, 지퍼 고리, 전사용지

- **재단하기**
  앞판 42×42 : 화이트 옥스포드 면
  뒤판A 42×17 : 화이트 옥스포드 면
  뒤판B 42×30 : 화이트 옥스포드 면

그림을 참고하여 원단의 안쪽에 완성선을 그려 재단하세요.
사방 시접은 1cm입니다.

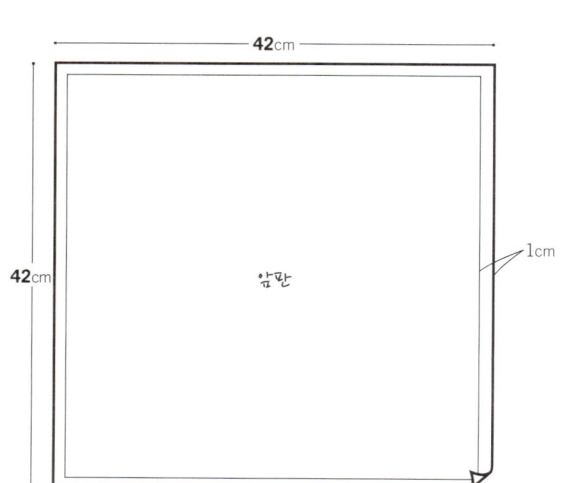

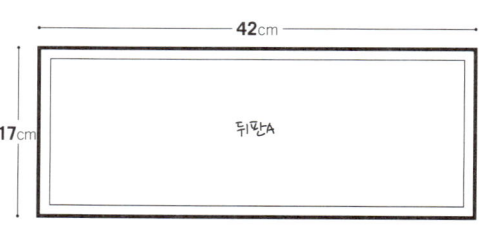

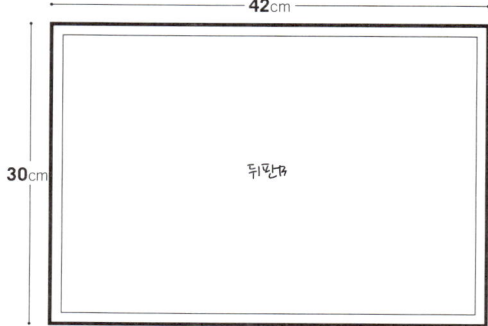

how to

**메시지 전사하기**

앞판에 메시지를 전사한다.(*전사하는 방법은 70~71쪽 참조)

**테두리 처리하기**

앞판과 뒷판 테두리를 오버록 또는 지그재그 처리한다.

**뒤판에 지퍼 달기**

**1** 뒤판 A와 B 사이에 지퍼를 지그재그로 고정 시키는 과정이다. 지퍼는 원단의 가운데에 위치시킨다.

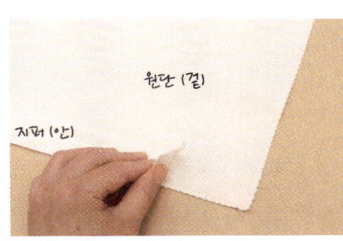

**1-2**

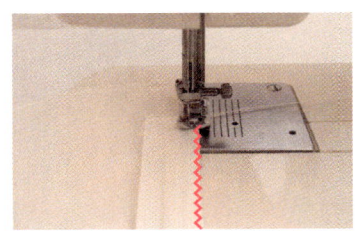

**1-3**

**1-4** 지퍼를 고정한 상태

**2** 노루발을 외노루발(=지퍼노루발)로 교체한다. (*11쪽 노루발 교체 방법 참조) 외노루발은 원단의 한쪽부분만 누를 수 있도록 만들어졌는데, 왼쪽을 누르거나 오른쪽을 누를 수 있다. 지퍼나 그 외에도 튀어나온것이 있을 때 사용한다.

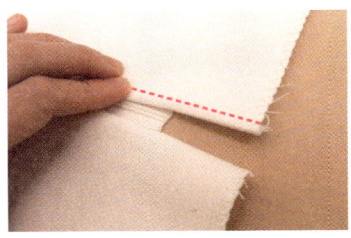

**3** 지퍼 레일에 뒤판 A쪽 원단 겉면이 바짝 붙도록 접어 외노루발로 지퍼에서 1~2mm 떨어진 선을 박음질한다.

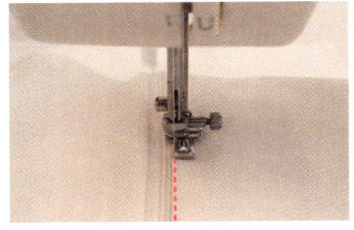

**3-1**

**4** 지퍼 고리를 끼우는 과정이다.

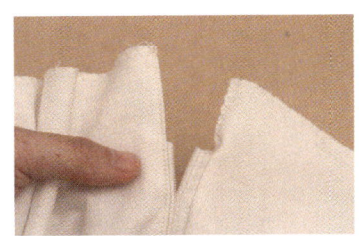

**4-1** 오른쪽의 닫힌 지퍼를 조금 연다.

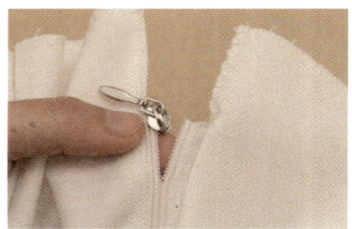

**4-2** 한쪽 지퍼에 고리를 살짝 걸치고 다른쪽도 마찬가지로 걸친다

**4-3**

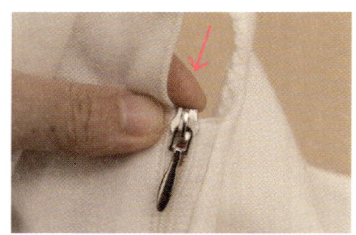

**4-4** 양쪽이 비슷한 정도로 걸쳐졌을 때 지퍼 고리를 뒤에서 손으로 밀어준다.

**4-5** 지퍼손잡이를 잡고 지퍼 고리를 지퍼의 중앙에 위치시킨다.

**5-1** 일반 노루발로 바꾼다. 뒤판의 시접으로 지퍼를 덮고 박음질하는 과정이다. 앞판과 뒤판을 맞추어 보았을 때 뒤판의 남는 시접으로 지퍼를 덮게 된다.

**5-2** 앞판의 겉이 위로 오도록 두고 그 위에 뒤판의 겉이 위로 오도록 두되 앞판과 뒤판의 윗선을 맞춘다.

**5-3** 뒤판 B를 지퍼를 기준으로 (지퍼를 접으면 안되고 지퍼는 펼쳐진 상태로 원단만 접어올린다.) 위쪽으로 접어올린다.

**5-4** 접어올린 뒤판 B를 다시 아래로 접어 내려서 앞판과 밑선을 맞춘다.

**5-5**

**6** 지퍼를 덮는 부분이 생긴다.

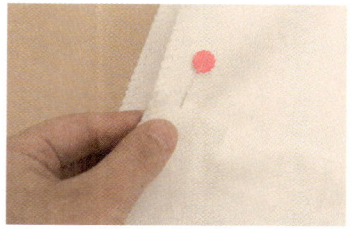

**6-1** 겹쳐진 부분에 시침핀을 꽂는데 뒤판에만 꽂는다.

**6-2**

**7** 지퍼의 끝에서 가운데쪽으로 1cm 정도 들어가서 표시를 한다.(양쪽 모두)

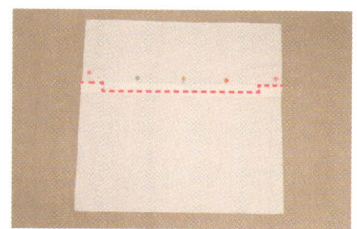

**8** 사진에 보이는 모양대로 박음질한다.(세로로 꺾인 부분에는 되박음질을 해주면 좋다.)

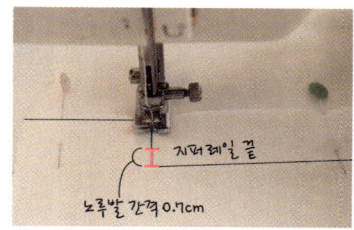

**9** 지퍼레일에서 노루발 간격 정도 더 나가 박음질한다.

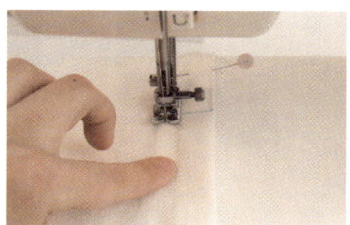

**10** 지퍼레일에 노루발을 바짝 붙여 박음질한다.

**11** 지퍼 고리가 있는 중간까지 박음질한 뒤 바늘을 꽂은 상태에서 노루발을 들고 지퍼 고리를 잡아 뒤로 밀고 모양대로 끝까지 박는다.

**12** 지퍼달기 완성

### 앞판과 뒤판 이어주기

**1** 앞판과 뒤판의 겉과 겉을 마주대고 가장자리를 시접 1cm 두고 박음질한다.

### 네 모서리에 9cm로 각잡기

**2** 지퍼를 열고 네 모서리를 9cm로 각을 잡는다. 시접은 가름솔로 한다.(*62쪽 바닥 만들기 참조)

### 지퍼를 열어 뒤집기

뒤집는다. 속을 넣으면 완성.(*전사된 부분은 피해서 다려야 한다. 열이 닿으면 녹아버리므로 주의하자.)

finish

## 전사하는 방법

디자인한 이미지나 디지털 카메라로 찍은 사진을 원단에
직접 전사시킬 수 있답니다. 손으로 쓰거나
직접 그린 이미지를 스캔해도 좋아요. 사용한 전사지는 동택의
IT-5369(A4 초 전사용지 밝은 색 티셔츠용-잉크젯 프린터 전용)으로
대형문구점에서 구입할 수 있어요.

### 1_ 디자인하여 출력하기

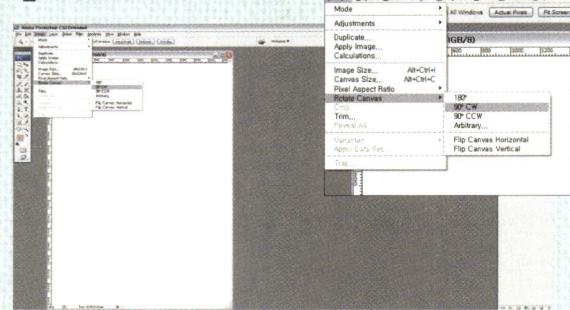

**1** 이미지를 디자인한 후 '수평반전(좌우대칭)'을 해야 한다. 전사는 인쇄한 이미지를 뒤집은 상태에서 하기 때문에 거울에 반사된 것처럼 전사가 되므로 출력하기 전에 이미지를 수평반전시킨다.

**2** 포토샵에서는 image 〉 rotate canvas 〉 flip canvas horizontal
그림판에서는 이미지 〉 대칭이동/회전 〉 좌우대칭
프린터 설정에도 있음 (고급설정으로 들어가면 됨)

**2-1**

**2-2** 이미지를 수평반전한 모습

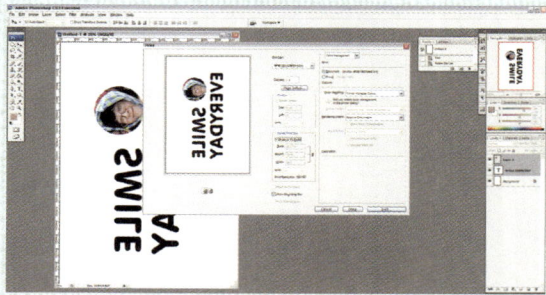

**tip** 인쇄 품질이나 용지를 고급인쇄나 사진인쇄로 설정하여 인쇄한다.(해상도를 높게) 포토샵 인쇄 페이지에서 page setup에 들어가면 볼 수 있다.

## 2_ 전사하기

**1** 전사지에 출력된 이미지를 5mm 정도 여유를 두고 자른다.

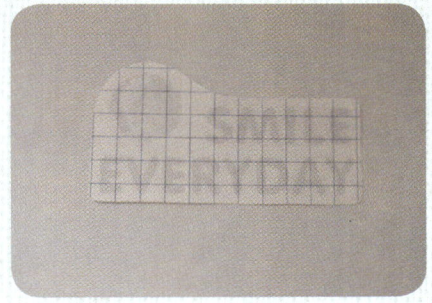

**2** 전사할 천을 다림판 위에 놓고 전사지의 인쇄된 면이 아래로 향하게 둔다.

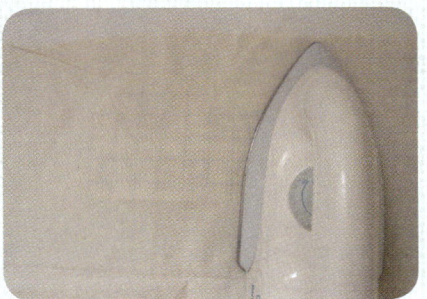

**3** 다리미의 온도를 면으로 설정해 예열시킨 뒤 전사용지 위에 흰색 천을 덮고 약 30~40초간 다림질을 한다.(너무 오래 하면 색이 누렇게 변할 수 있으니 주의한다.)

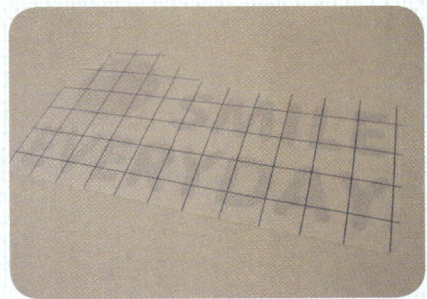

**4** 열을 식힌 후 용지의 모서리부터 천천히 벗겨낸다.
**tip 주의사항** 밝은 색상의 면직물에 전사하는 것이 좋고, 스팀다리미를 사용하면 안 된다. 여러 번 세탁하게 될 경우에는 전사한 이미지가 손상될 수 있다. 조직이 성근 직물은 피한다.

### 라벨 만들기

글씨 등을 인쇄해서 면 테이프에 전사하면 라벨로도 사용할 수 있다.

## 마린 스타일 크로스백
*how to make*

집 앞 슈퍼마켓에 갈 때 지갑과 핸드폰을 넣을
작은 가방이 필요해서 만들었어요.
여밀 수 있도록 가시도트를 달았고 닻과 리본은 전사지에 인쇄했습니다.

Bon Voyage!
어딜 가든 즐거운 여행이 되세요!

## 9 마린 스타일 크로스백

● **완성사이즈**
  23×24cm, 끈길이 122cm

● **준비물**
  스트라이프 옥스포드 면, 베이직 무지 린넨,
  광목, 옐로 체크 면, 전사지, 라벨, 가시도트 알,
  가시도트 기구

● **재단하기**
  겉감 앞판 A 25×8 : 스트라이프 옥스포드 면
  겉감 앞판 B 25×20 : 베이직 무지 린넨
  겉감 뒤판 25×26 : 스트라이프 옥스포드 면
  안감 25×26 2장 : 광목
  안감 주머니 25×20 : 옐로 체크 면
  앞판 장식 9×9 : 광목
  여밈끈 6×6 : 베이직 무지 린넨
  크로스 끈 126×6 : 베이직 무지 린넨

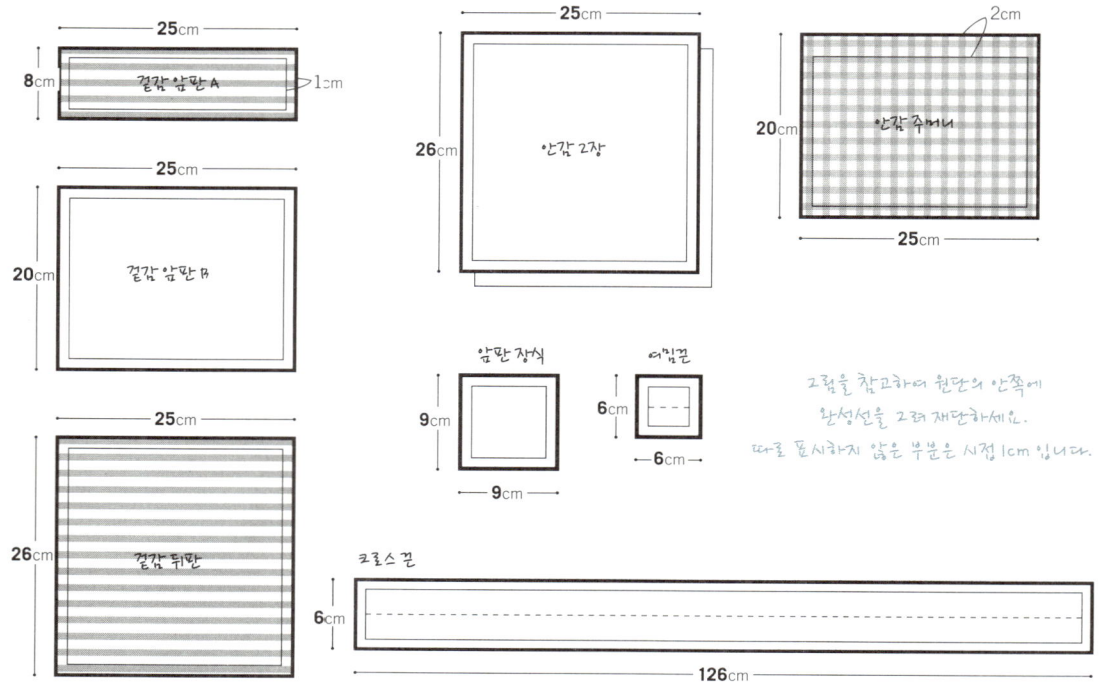

그림을 참고하여 원단의 안쪽에
완성선을 그려 재단하세요.
따로 표시하지 않은 부분은 시접 1cm 입니다.

how to

### 앞판 연결하기

**1** 앞판 A와 B를 잇는다. 겉끼리 마주대고 시접 1cm로 박음질한다.

**1-1**

**2** 시접은 아래로 내리고 겉쪽에서 상침한다.

### 데커레이션 하기

**1** 앞판 장식 원단에 닻을 전사한다.(전사하는 방법은 *70~71쪽 참조, 닻과 깃발의 실물 크기의 본 – 부록 참조)

**1-1**

**1-2**

**1-3** 테두리를 각 1cm씩 접어 다림질한다.(전사한 면에 다리미가 닿지 않도록 조심한다.)

**1-4** 앞판 B에 깃발을 전사한다.(닻을 전사한 부분과 함께 대보고 적당한 위치를 정한다.)

**1-5**

**1-6**

**1-7** 닻을 전사한 장식 원단을 앞판에 고정한다.

**1-8** 패브릭 펜으로 글씨를 쓴다.
(*79쪽 패브릭 펜으로 글씨 쓰는 방법 참조, 글씨는 부록의 본을 참조)

**1-9**

### 뒤판 데커레이션 하기

**1** 라벨을 적당한 위치에 단다.
(*79쪽 라벨 다는 방법 참조)

**1-1**

### 겉감 연결하기와 바닥 만들기

**1** 앞판(A+B)과 뒤판을 겉끼리 마주대고 시접 1cm로 박음질하여 연결한다.

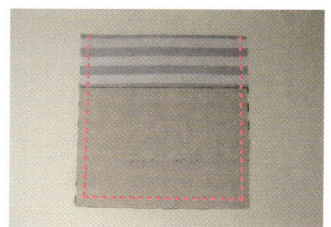

**1-1**

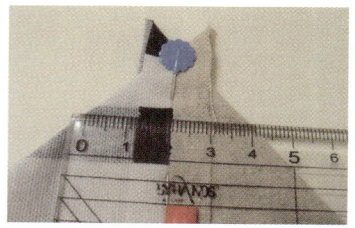

**2** 4cm로 바닥 만들기
(*62쪽 스트링 파우치의 바닥 만들기 참조)

**2-1**

### 안감 만들기

**1** 주머니를 만든다. 윗부분을 1+1cm로 접어박기 한다.(*153쪽 접어박기 하는 방법 참조)

**2** 주머니를 안감 중 뒤판에 고정한다.(테두리에 지그재그로 고정) 중간에 칸을 나누기 위해 가운데에 선을 그어 박음질한다.

**3** 안감 두 장을 겉끼리 마주대고 시접 1cm로 박음질하여 연결한다.

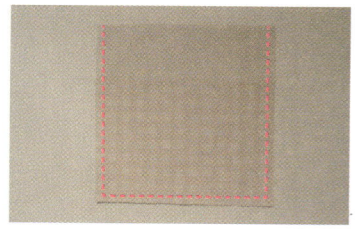

**3-1**

**3-2** 4cm로 바닥 만들기

### 여밈끈 만들기

**1** 사진과 같이 시접을 접어넣고 다림질한다.

**1-1** 반으로 접는다.

**1-2** 테두리에서 1~2mm 안쪽으로 들어가 박음질한다.

### 크로스끈 만들기

**2** 크로스끈 원단의 사방 시접을 1cm로 접어 다림질하고 길게 반으로 접어 다린다.

**2-1** 안쪽으로 1~2mm 들어가 박음질한다.

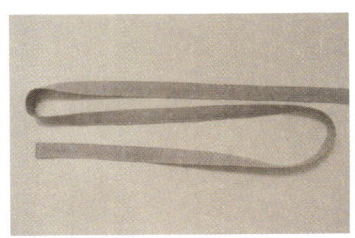

**2-2**

### 여밈끈 고정하기

겉감 뒤판의 중심쪽 시접에 고정한다.

### 안감과 겉감 연결하기

**1** 겉끼리 마주 댄다. 안감 속에 겉감을 넣어 겹친다. 옆선과 사이사이에 핀을 꽂는다.

**2** 뒤중심 쪽에 창구멍 10cm 정도 남기고 시접 1cm로 박음질한다.

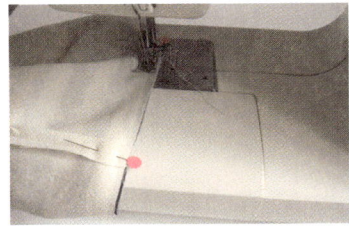

**2-1**

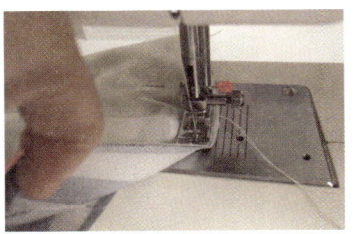

**2-2**

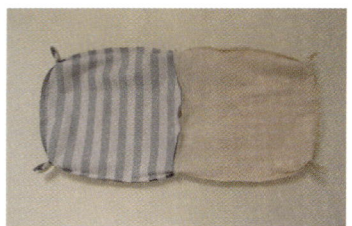

**2-3** 겉감을 안쪽에서 뺀다.

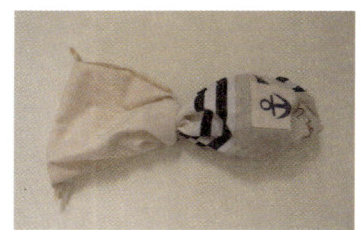

**3** 창구멍으로 뒤집는다.

**3-1** 뒤집은 모습

**tip** 안감을 겉감 안쪽으로 집어넣고 정리해서 다림질한다.(*전사된 부분은 피해서 다림질한다. 열이 닿으면 녹아버리므로 주의하자.)

**4-1**

**4-2**

**5** 윗단을 상침하면서 창구멍을 막는다.

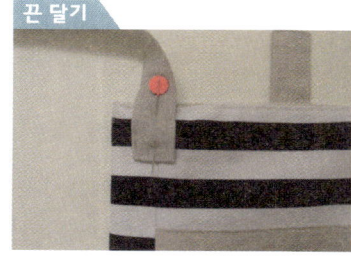

**끈 달기**

**1** 옆선 위쪽에 끈을 대고(3cm를 겹친다.) 튼튼하게 박음질한다. 반대쪽도 같은 방법으로 달아준다.

**1-1**

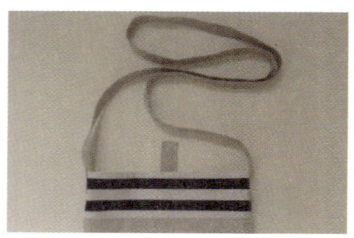

**1-2**

**가시도트 달기**

**가시도트 달기**
(*80~81쪽 가시도트 다는 방법 참조)

finish

원단에 직접 글씨를 쓰기 두렵다면
이런 방법을 사용하면 좋아요.

## 패브릭 펜으로 원단에 글씨 쓰는 방법

1 패브릭 펜과 글씨를 쓸 원단을 준비한다.

2 글씨를 먼저 종이에 쓴다.(글씨를 쓸 원단 크기에 맞춰 쓴다.)

3 창문에 종이를 테이프로 붙이고 그 위에 글씨를 쓸 원단을 테이프로 붙여 고정시킨다.

4 붙이기 전 원단에 글씨가 들어 갈 위치를 수성펜으로 표시해 두는 게 좋다.

5 패브릭 펜으로 비치는 글씨를 따라 쓴다. 덧칠하여 좀더 진하게 쓴다.

6 완성.( 라이트 박스를 이용하는 원리와 같아요. 장비가 없을 때 따라해 보세요.)

## 라벨 다는 방법

1 라벨을 준비한다. 끝이 지저분할 때는 가위로 정리한다.

2 다리미로 양옆을 접어 다린다. 라벨에 따라 옆이 아니라 위아래가 될 수도 있다. (마감이 되지 않은 쪽을 접어다린다.)

3 원단에 라벨을 위치시킨다.

4 원단에 라벨 달 위치를 수성펜으로 표시한다.

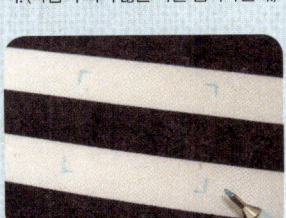

4-1

5 테두리에서 1~2mm 안으로 들어와 박음질한다. 시작과 끝부분은 되박음질한다.

## 가시도트 다는 방법

처음에는 어렵게 느껴질 수도 있지만 한번 익히고 나면 단추를 다는 것보다 훨씬 간편해요.

● **준비물**
가시도트 기구, 가시도트 단추 세트

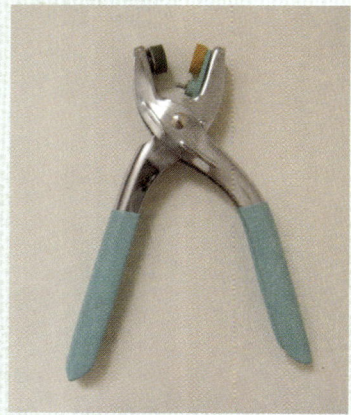

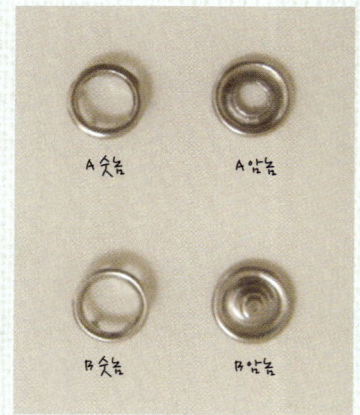

다른 방식의 기구도 있으니 구입할 때 참고하자.

가시도트는 4가지 단추가 세트로 되어 있다. 한쪽 원단에는 A 숫놈과 A 암놈을 달고 다른 쪽 원단에는 B 숫놈과 B 암놈을 달면 된다.

### A 암놈의 앞과 뒤 비교

오른쪽이 달고 난 후에 겉으로 보인다고 생각하면 됨.

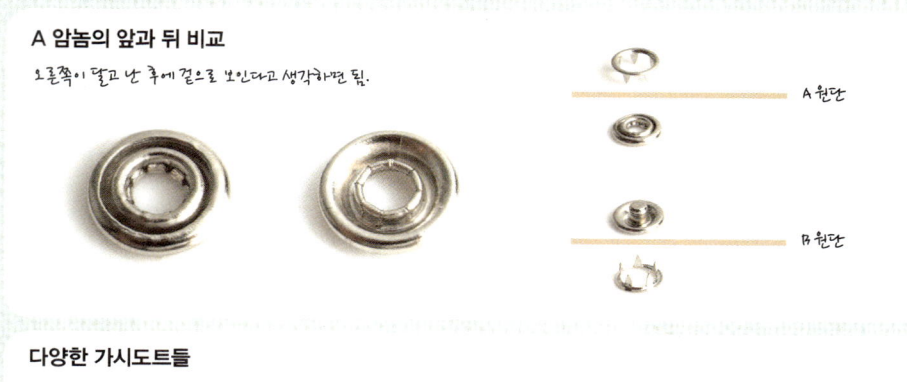

### 다양한 가시도트들

**1** 단추 위치를 원단에 표시한다.

**1-1** 十자로 표시한다.(가시도트 바깥쪽으로 보이도록 길게 표시)

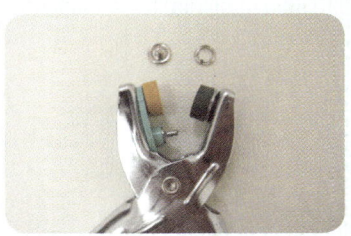

**2** 가시도트 기구에 B 숫놈과 B 암놈을 사진과 같이 끼운다.

**2-1** B 암놈(볼록 튀어나온 단추)을 가운데 홈이 패인 쪽에 끼우고, B 숫놈을 가시가 가운데로 향하도록 끼운다.

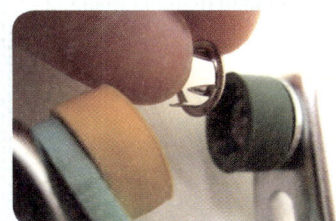

**2-2**

**3** 가시도트 기구로 가방의 고리부분에 B 암놈과 B 숫놈을 단다. 十자 표시의 중앙에 맞춰 달아준다.

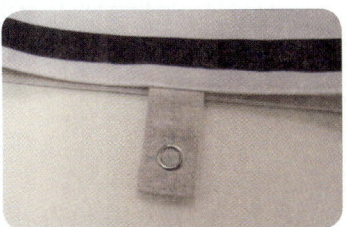

**tip** B 암놈과 A 암놈이 만나서 여밈이 되는 것이므로 방향을 잘 확인해서 달도록 한다.

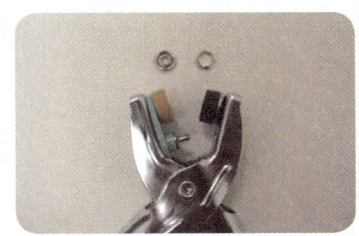

**4** 가시도트 기구에 A 숫놈과 A 암놈을 사진과 같이 끼운다.

**4-1** A 암놈(중앙이 뚫린 단추)을 사진과 같이 끼우되 홈이 터널처럼 패인 쪽이 가운데를 바라보게 한다. A 숫놈도 가시가 가운데로 향하도록 끼운다.

**5** 가방의 몸판원단에 A 암놈과 A 숫놈을 단다. 十자 표시의 중앙에 맞추어 단다.

**5-1** B 암놈과 A 암놈이 만나도록 방향을 잘 확인하고 단다.

**완성**

Pouch Flat

# 파우치 플랫
how to make

평면 파우치는 만들기 쉬우면서 실용적이라
핸드메이드 아이템으로 그만입니다. 방법을 알게 되면 다채로운 스타일로
응용할 수 있어 흥미 만점 아이템이랍니다.

## 10 파우치 플랫

- **완성사이즈**
  23.5×17cm

- **준비물**
  핑크 스트라이프 면, 광목, 베이직 무지 린넨,
  딸기 프린트 린넨, 아플리케용
  원단 조금, 소프트 접착심지,
  단추, 26cm 장식지퍼, 라벨, 수놓을 실 조금

- **재단하기**
  겉감 A 25.5×6 2장 : 핑크 스트라이프 면
  겉감 B 25.5×15 2장 : 광목
  안감 25×35.5 : 딸기 프린트 린넨
  고리 5×5 : 베이직 무지 린넨
  안감심지 25×35.5 : 소프트 접착 심지
  아이스크림 15×4  18×6 : 자투리 원단

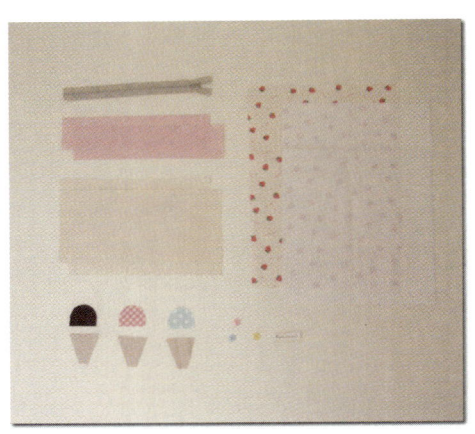

그림을 참고하여 원단의 안쪽에 완성선을 그려 재단하세요.
시접은 사방으로 1cm씩이며, 심지에는 시접을 주지 않습니다.
아이스크림의 시접은 0.7cm 입니다.

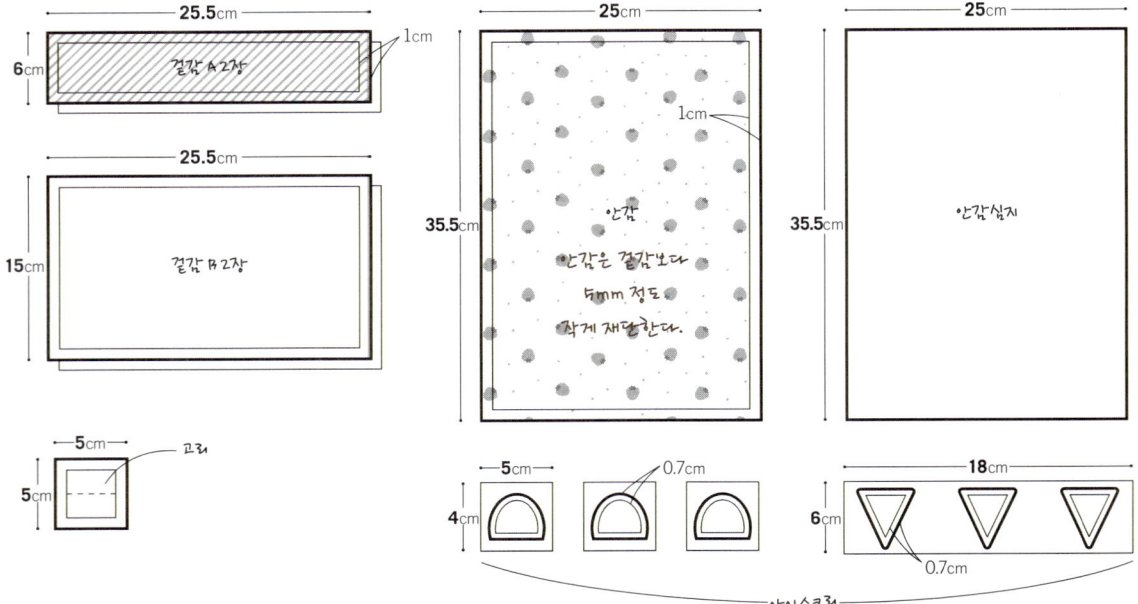

how to

### 겉감 B 앞판에 데커레이션 하기

**1** 겉감 B 앞판에 아이스크림을 만들어 아플리케한다. (*88~89쪽 아이스크림 아플리케 하는 방법 참조)

**2** 글씨를 수놓는다. 원단용 수성펜으로 도안을 그린 후 자수실로 수놓는다. (*118~119쪽 참조)

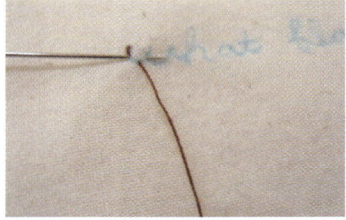

**2-1**

**2-2**

**3** 단추를 단다.

**4** 겉감 B 뒤판에 라벨을 단다.

### 겉감 연결하기

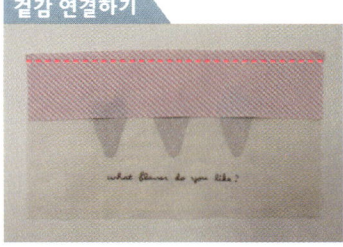

**1** 겉감 원단 A와 B를 겉끼리 마주대고 시접 1cm로 박음질한다.

**1-1**

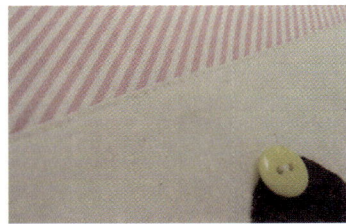

**2** 시접을 아래로 내리고 겉에서 상침한다. 나머지 겉감도 같은 방법으로 박음질한다.

**3** 겉감 앞판의 오른쪽 부분에 손잡이 고리를 만들어 시접에 고정시킨다.

**3-1**

## 지퍼 달기

**3-2**

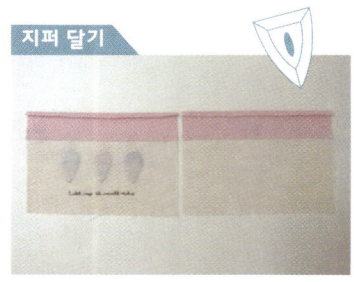
**1** 겉감 윗부분을 1cm씩 안쪽으로 접어 다린다.

**2** 지퍼와 겉감의 중심을 맞춘다.

**3** 외노루발로 교체한 뒤 겉감의 접어 다린 부분을 지퍼에 가까이 대고 원단 끝에서 1~2mm 떨어진 선을 박음질한다.(* 11쪽 노루발 교체 방법 참조)

**3-1** 외노루발은 원단의 한쪽부분만 누를 수 있도록 만들어 졌는데, 왼쪽을 누르거나 오른쪽을 누를수 있다. 지퍼나 그 외에도 튀어나온 것이 있을 때 외노루발을 사용하면 되고, 튀어나온 부분의 옆쪽을 누르도록 노루발의 방향을 맞추면 된다.

**3-2**

**3-3** 박음질하다가 지퍼 고리 쪽으로 다가오면 노루발을 들고 (바늘은 꼽혀 있는 상태로) 고리를 반대쪽으로 보낸 후 이어서 박음질한다.

**3-4**

**4** 반대쪽도 똑같이 한다.(외노루발의 위치를 다른쪽으로 변경한다.)

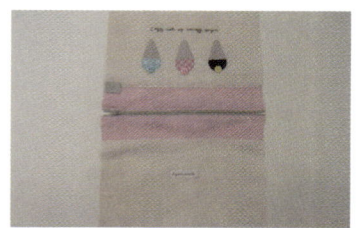
**1-3**

## 겉감 만들기

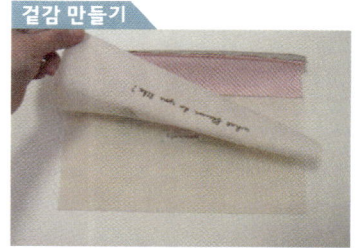
**1** 지퍼가 닫힌 상태에서 겉끼리 마주대어 반으로 접는다.

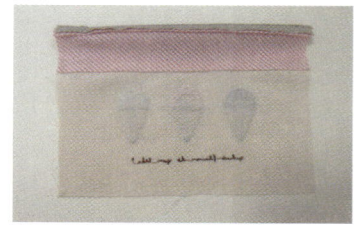
**1-1**

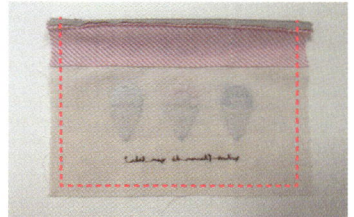

**2** 시접 1cm로 박음질한다.(외노루발)

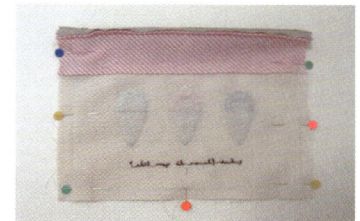

**2-1**

**3** 지퍼를 열어 뒤집는다.

### 안감 만들기

**1** 안감원단에 심지를 붙인다.

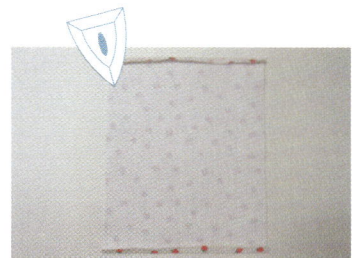

**2** 위 아래 시접을 1cm씩 안쪽으로 접어 다린다.

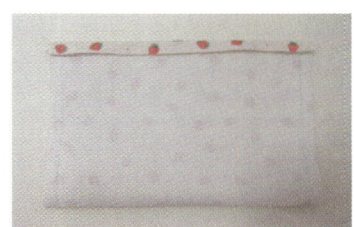

**3** 겉끼리 마주대고 반으로 접는다.

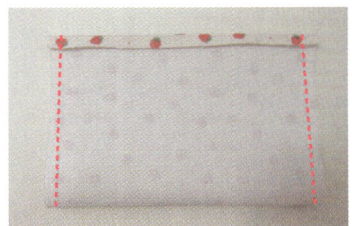

**4** 양옆을 시접 1cm로 박음질한다.

### 겉감과 안감 이어주기

**1** 겉감 속에 안감을 집어 넣는다.(겉감의 안과 안감의 안을 마주 댄다.)

**2** 시접은 가름솔로 한다.

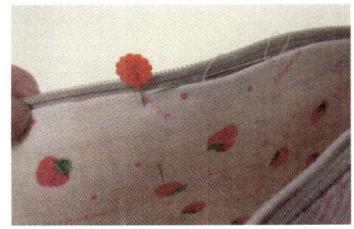

**3** 겉감과 안감을 잘 맞춰 시침핀으로 꽂고 공그르기로 겉감과 안감을 잇는다.

finish

## 아이스크림 아플리케 하는 방법

### 재단하기

본을 대고 시접 0.7cm로 재단한다.
아이스크림 부분 A는 체크나 스트라이프 등 원하는 원단을 이용한다. 과자부분 B는 무지 린넨을 사용한다.

A부분 5×4 (시접포함)
B부분 5×6 (시접포함)

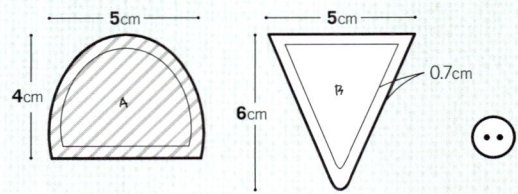

**1** A와 B를 겉끼리 마주대고 시접 0.7cm로 박음질한다.

**2** 시접은 가름솔로 한다.

**3** B에 와플 모양을 내기 위해 선을 그리고 선을 따라 홈질로 효과를 낸다.(일반 흰색실 2겹으로) 매듭을 짓고 마무리한다.

**3-1**

**tip 1** 한 줄 하고 끊고 다시 하는 게 아니라 사진과 같은 방향으로 한 줄로 쭉 이어서 한다. 반대쪽도 똑같이 한다.

**tip 1-1**

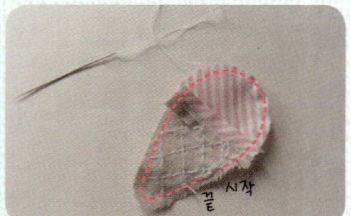

**4** 다른 실로 시접 사이에 홈질을 한다.(땀 크기 0.4cm 정도) 끝은 매듭짓지 않고 그대로 둔다.

**4-1**

**5** 안쪽에서 두꺼운 종이로 만든 본을 대고 누른 상태에서 매듭짓지 않은 실을 당긴다.(* 실물 크기의 본 – 부록 참조)

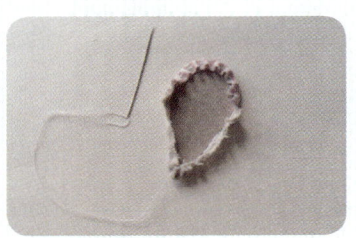

5-1

**6** 실을 당긴 상태에서 모양이 잡히도록 다림질한다.

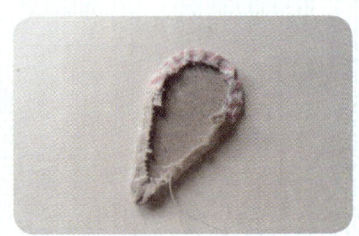

6-1

6-2

**7** 본을 뺀다.

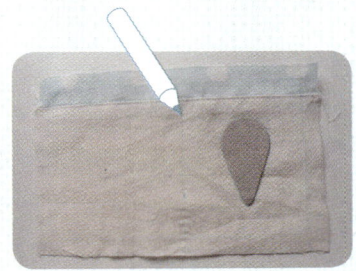

**8** 아플리케 할 곳에 아이스크림 전체 모양의 본을 대고 원단용 수성펜으로 완성선을 그린다.

8-1

**9** 아이스크림을 위치에 맞춰 시침핀을 꽂는다.

**10** 공그르기한다.

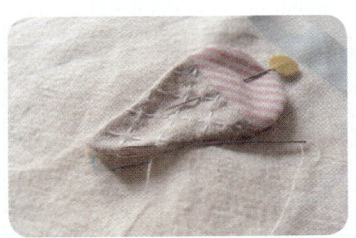

10-1

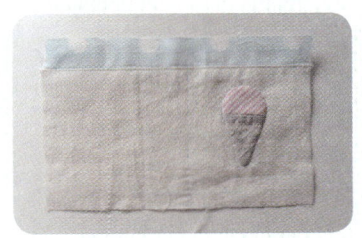

10-2

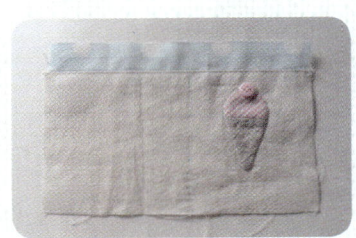

**11** 단추를 단다.

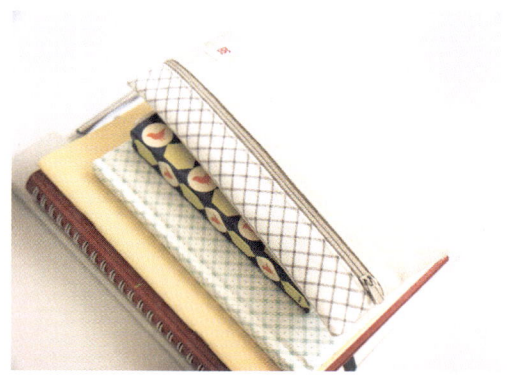

## 필통

how to make

일본어 공부를 시작한 언니를 위해 만든 필통입니다. 심플한 스타일을 좋아해서
라벨로 살짝 포인트를 주었어요.
지퍼 위쪽의 사선 체크는 일반 수직 체크 원단을 45도 각도로 틀어서 사용했습니다.

# 필통

- **완성사이즈**
  20×8cm

- **준비물**
  그레이 체크 면, 베이직 무지 린넨,
  소프트 접착 심지, 26cm 장식지퍼, 라벨

- **재단하기**
  **겉감 앞판 A** 22×4.5 : 그레이 체크 면
  **겉감 앞판 B** 22×7 : 베이직 무지 린넨
  **겉감 뒤판 C** 22×10 : 베이직 무지 린넨
  **안감** 22×17.5 : 베이직 무지 린넨
  **겉감 앞판심지 a** : 20×2.5 : 소프트 접착심지
  **겉감 앞판심지 b** : 20×5 : 소프트 접착심지
  **겉감 뒤판심지 c** : 20×8 : 소프트 접착심지

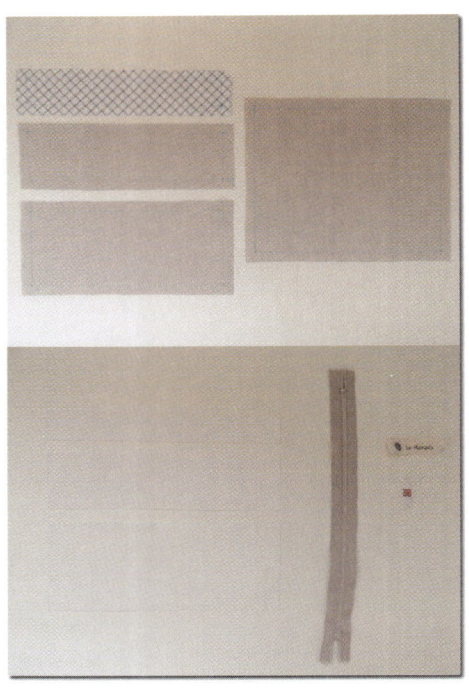

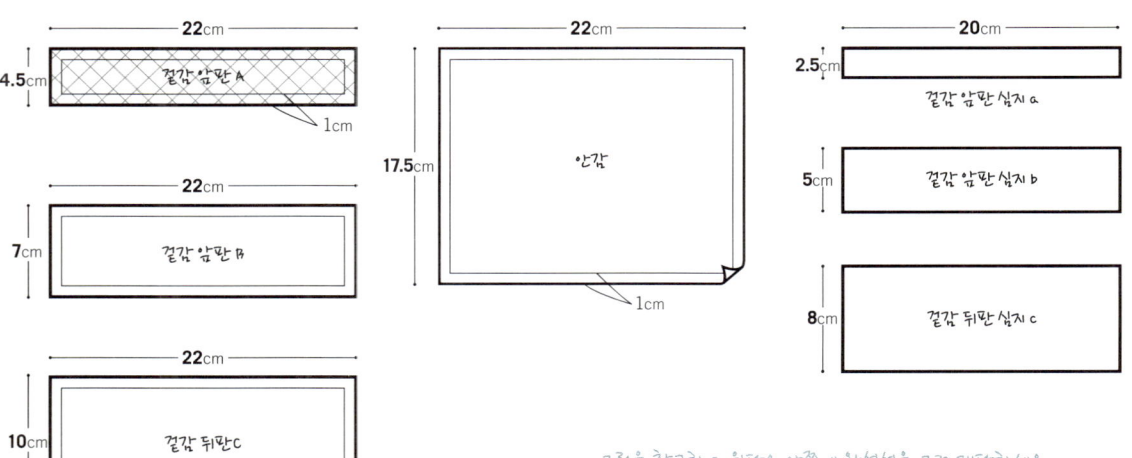

## how to

### 겉감 앞판 만들기

**1 겉감에 심지 붙이기** 겉감 A, B, C에 심지 a, b, c를 붙인다.

**2 지퍼 쪽 시접 다리기** 앞판 A와 B사이에 지퍼를 달기 전에 지퍼 쪽 시접을 접어 다리미로 다린다.

### 지퍼 달기

**1 지퍼 달기** 재봉틀의 노루발을 외노루발(지퍼 노루발)로 바꾼 다음 앞판 A와 B 사이에 지퍼를 단다. *외노루발은 원단의 한부분만 누르도록 만들어졌는데 왼쪽을 누르거나 오른쪽을 누를 수 있다.

**1-1** 지퍼를 열어 박음질을 하고 끝날 때쯤 다시 지퍼 고리를 닫아 끝까지 박음질한다. 노루발은 오른쪽의 원단을 누르도록 끼운 상태다. 지퍼의 한쪽에 다림질한 쪽을 바짝 대고 원단 끝에서 1~2mm 떨어진 선을 박음질 한다.

**2** 반대쪽 지퍼를 달 때는 외노루발을 왼쪽을 누르도록 방향을 바꿔 끼우고 재봉한다.

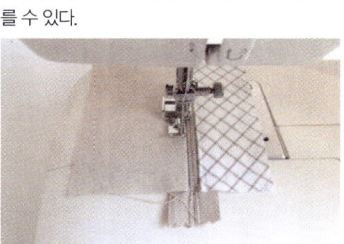

**2-1**

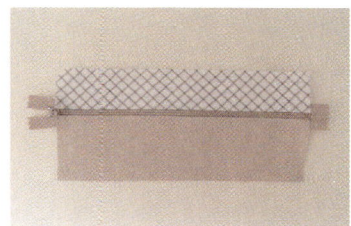

**2-2**

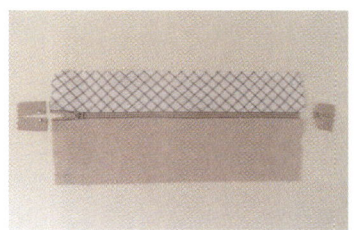

**3** 지퍼의 남은 부분을 자른다.(장식지퍼의 마감된 부분을 자른다.)

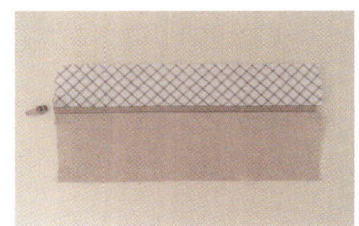

**4** 지퍼 고리를 뺀다.

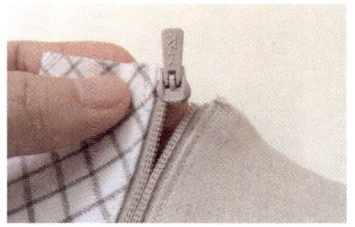

**5** 반대쪽 끝의 지퍼를 열어 다시 지퍼를 끼운다. 지퍼를 조금 열고 왼쪽에 고리를 살짝 걸친 뒤 오른쪽에 또 걸친다.

**5-1** 지퍼 고리가 양쪽에 비슷하게 걸쳤을 때 지퍼의 뒤쪽에서 손으로 밀어 넣는다. 중간까지 지퍼 고리를 넣는다.

**7-2**

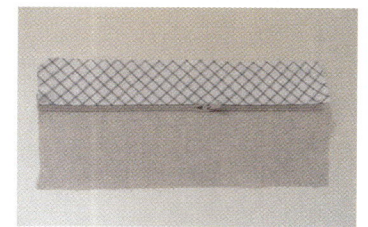

지퍼의 양끝을 아물어 깔끔하게 만들기 위해서 이 과정을 거친다.

### 라벨 달기

**1** 일반 노루발로 바꾼다.

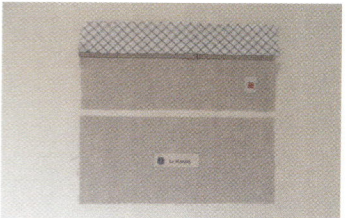

**2** 시접이 안쪽으로 접혀 들어간다는 점을 유념해서 라벨을 단다.

### 겉감의 앞판과 뒷판 연결 하기

**1** 앞판과 뒷판을 겉끼리 마주한 뒤 테두리를 박음질한다.

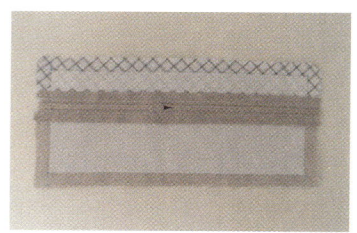

**1-1**

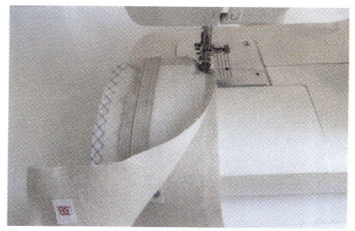

**1-2**

### 시접 정리하기

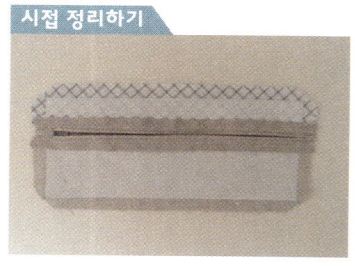

**1** 모서리의 시접을 완성선에서 3mm 정도 떨어져서 사선으로 자른다.

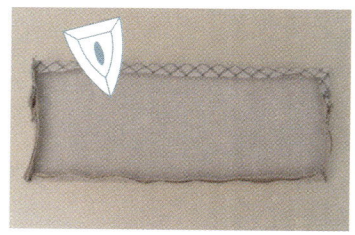

**1-1** 시접을 뒷판 쪽으로 접어 다린다.

### 뒤집기

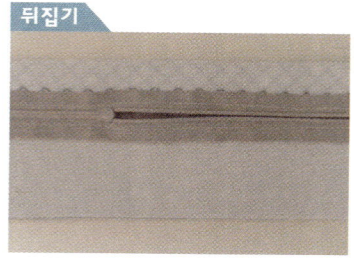

**1** 지퍼를 열어 뒤집고 시접을 정리한다.

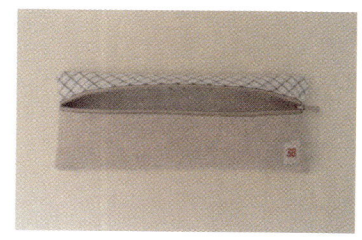

**1-1**

### 안감 만들기

**1** 완성했을 때 안감이 울지 않도록 겉감보다 살짝 작게 만든다.(재봉할 때 시접을 2~3mm 더 주고 재봉하면 된다.) 안감에 원단용 수성펜으로 사진과 같이 표시한다.

page : 095

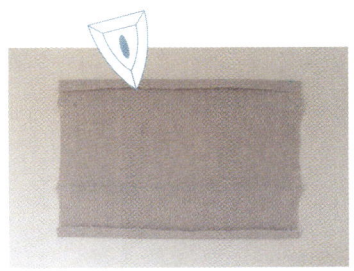

**2** 양쪽 끝 시접을 안쪽으로 접어 다린다.(1cm 보다 3mm 정도 더 접어 다린다. 시접 총 1.3cm)

**3** 수성펜으로 표시한 선을 접어 다린다.

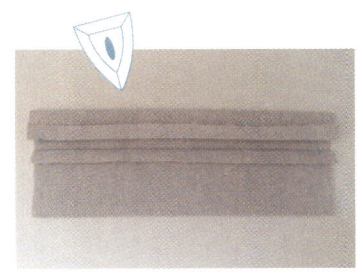

3-1

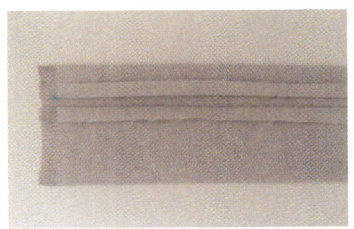

**4** 양쪽 옆선을 시접 1.2cm로 박음질한 다음 시접은 뒤쪽으로 접어 다린다.

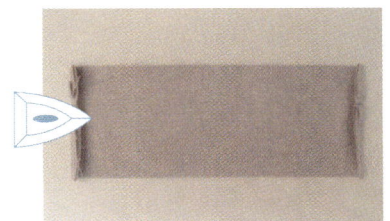

4-1

### 겉감과 안감 연결하기

**1** 겉감의 속에 안감을 넣어 마주 댄다.

1-1

**2** 시침핀으로 옆선과 위, 아래를 고정한 뒤 공그르기한다.

2-1

2-2

2-3

finish

Pass Port Case

# 여권 케이스
*how to make*

여행을 떠나기 전의 설렘과 흥분, 즐거움을 담아 여권 케이스를 만들어보았습니다.
여권은 물론 티켓과 카드 등을 넣을 수 있도록
내부에도 힘을 실었지요. 앞과 뒤, 겉과 안의 느낌이 서로 달라 볼수록 재미있습니다.

## 12 여권 케이스

- **완성사이즈**
  9.5×13.5cm

- **준비물**
  베이지 헤링본 린넨, 스카이 체크 면,
  베이직 무지 린넨, 옐로 체크 면, 블루 체크 면,
  딸기 프린트 린넨, 2온스 접착솜,
  샤무드끈 1.5폭 5cm, 가시도트 알 1세트,
  가시도트 기구, 라벨, 스티치 넣을 자수실 조금

- **재단하기**
  겉감 A 10×11 : 베이지 헤링본 린넨
  겉감 B 10×7 : 스카이 체크 면
  겉감 C 14×16 : 베이직 무지 린넨
  안감 22×16 : 베이지 헤링본 린넨
  안감 날개 A 18×16 : 옐로 체크 면
  안감 날개 B 18×16 : 블루 체크 면
  안감 라운드 9×10 2장 : 딸기 프린트 린넨
  겉감 접착솜 19.5×13.5 : 2온스 접착솜

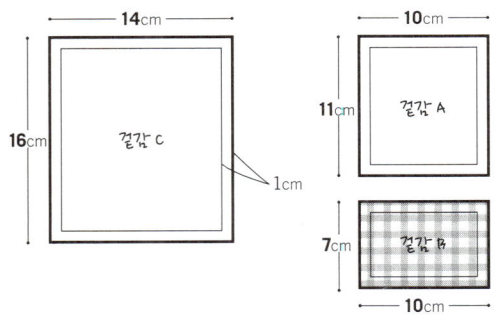

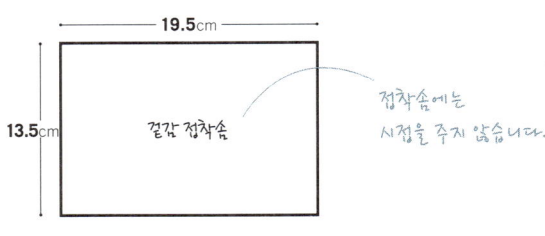

접착솜에는 시접을 주지 않습니다.

그림을 참고하여 원단의 안쪽에 완성선을 그려 재단하세요. 사방에 시접은 1cm이며, 안감 라운드 부분을 만드는 과정 중에 본을 이용하면 됩니다.

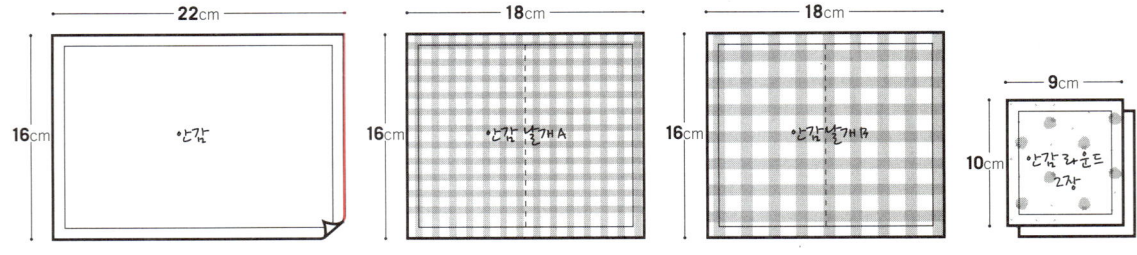

*how to*

**겉감 만들기**

**1** 겉감 A와 B를 겉끼리 마주대고 시접 1cm로 박음질한다.

**1-1**

**1-2**

**1-3** 시접은 아래로 내리고 상침한다.

**2** (A+B)와 C를 겉끼리 마주대고 시접 1cm로 박음질한다.

**2-1**

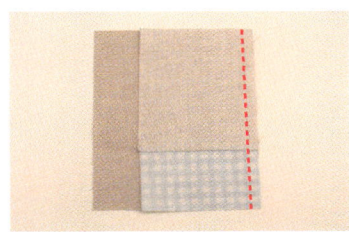

**2-2**

**2-3**

**2-4** 시접은 왼쪽으로 보내고 브라운색 실로 홈 질하여 스티치를 넣는다.

**3** 시접이 안쪽으로 접혀들어간다는 것을 유념 해서 라벨 달 위치를 원단용 수성펜으로 표시 하고 수놓을 밑그림을 그린다.

**4** 라벨을 달고 백스티치로 수를 놓는다.

4-1

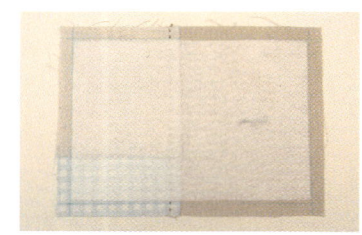
5 접착솜을 붙인다.(*29쪽 접착솜 붙이는 방법 참조)

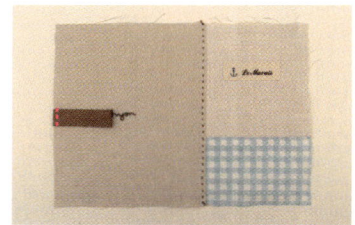
6 여밈끈을 시접에 고정한다.

## 안감 만들기

1 라운드 원단에 본을 대고 그린다.
(*실물 크기의 본 – 부록참조)

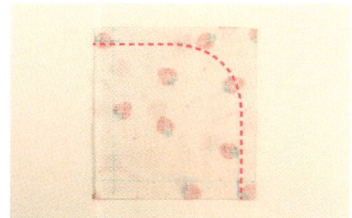
2 두 장을 겉끼리 마주대고 박음질한다.

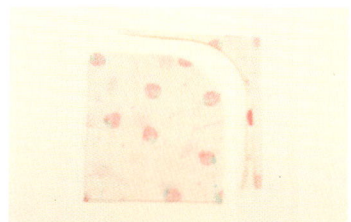
3 시접 0.5cm를 남기고 잘라낸다.

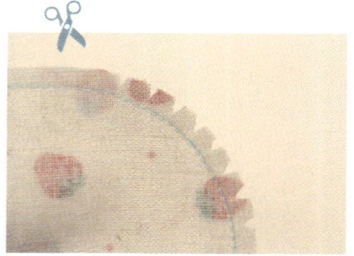
4 곡선에 가위집을 넣는다.

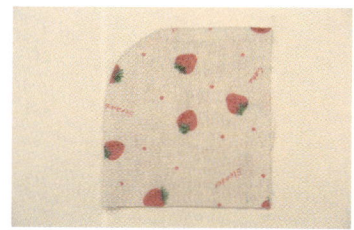
5 뒤집는다.

6 다림질하고 곡선부분에 빨강색 실로 스티치를 넣는다.

## 날개 만들기

1 날개를 반 접어 다림질 한다.

2 접은 쪽을 가운데로 두고 라벨과 라운드를 각각 고정한다. 라운드는 시접에 고정한다.

3 안감 몸판의 겉쪽에 날개를 고정할 때 시접에 한다.

**4** 카드 칸을 박음질해 나눈다. 카드를 대보고 조금의 여유를 주고 표시한다. 칸이 너무 크면 카드가 빠질 위험이 있으므로 주의한다.

**4-1**

### 겉감에 가시도트 달기

겉감과 안감을 대고 시접을 접어 넣어 보고, 사이에 카드와 여권을 끼워본 다음 두께를 고려하여 여밈 위치를 정한다.(*80~81쪽 가시도트 다는 방법 참조)

### 겉감과 안감 연결하기

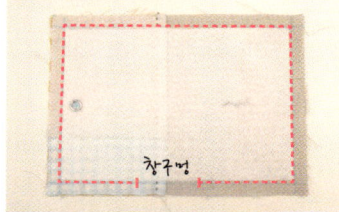

**1** 겉끼리 마주대고 창구멍을 5cm 정도 남겨둔 뒤 시접 1cm로 박음질한다.

**2** 모서리부분을 사선으로 잘라낸다.

**3** 안감 쪽으로 시접을 접어 다림질한다.

**4** 창구멍으로 뒤집는다.

**5** 다림질하여 잘 정리한다. 창구멍의 시접도 안쪽으로 접어 넣고 다린 뒤 창구멍을 막는다.

**6** 여밈끈 끝쪽을 둥글게 자른다.

### 여밈끈에 가시도트 달기

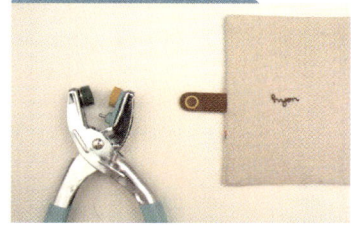

여밈끈에 가시도트를 단다. 가시도트 대신 똑딱이 단추를 달아도 된다.

finish

# 네임 태그

*how to make*

여행 가방에 이름과 연락처를 적어서 다는 이름표입니다.

내가 만든 하나뿐인 태그를 달면 비슷한 가방 속에서도 내 것을 한눈에 찾을 수 있어요.
여권 케이스를 만들고 남은 원단을 이용해 세트로 만들어도 좋겠죠?

## 네임 태그

- **완성사이즈**
  11×11cm, 끈 길이 13cm (펼쳤을 때 28cm)

- **준비물**
  스카이 체크 면, 딸기 프린트 린넨,
  흰색 종이원단, 베이직 무지 린넨, 소프트 접착심지,
  가시도트 알, 가시도트 기구, 패브릭 펜

- **재단하기**
  원 앞판 13×13 : 스카이 체크 면
  원 뒤판 13×13 : 딸기 프린트 린넨
  카드 커버 8×10.5 : 흰색 종이원단
  네임 카드 7×5.5 : 베이직 무지 린넨
  끈 4.5×29.5 : 베이직 무지 린넨
  원 앞판 심지 11×11 : 소프트 접착심지
  네임카드 심지 7×5.5 : 소프트 접착심지

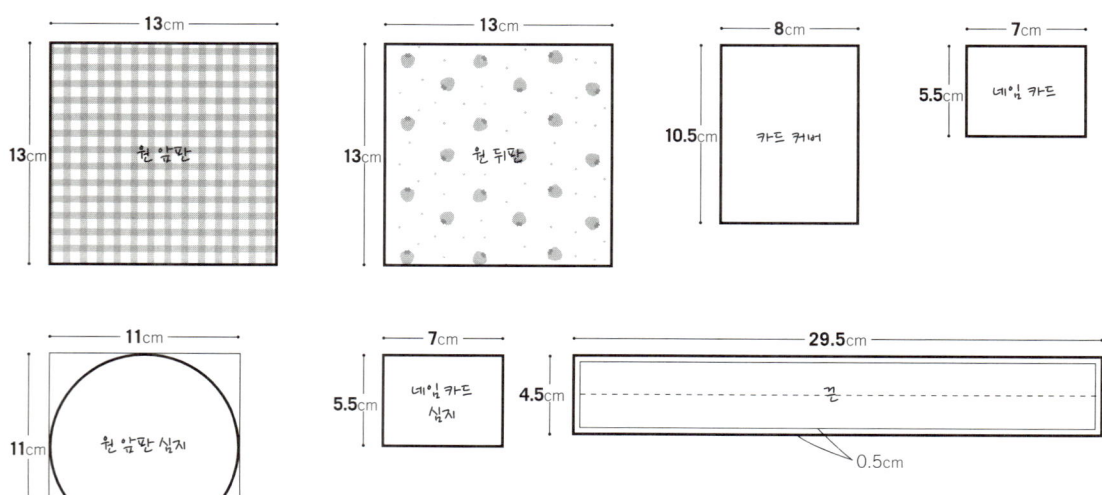

how to

**원 만들기**

**1** 앞판에 본을 대고 그린다.
(*실물 크기의 본 – 부록 참조)

**1-1**

**2** 접착심지의 접착 알갱이가 묻어 있는 쪽을 원단의 안쪽과 마주대고 다림질하여 붙인다.

**3** 겉끼리 맞대고 선을 따라서 박음질한다. 이때 창구멍 4cm를 남기고 박는다.

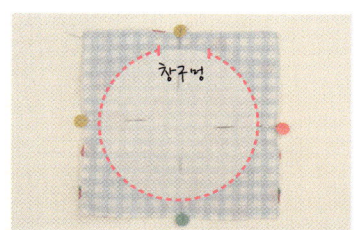

**3-1**

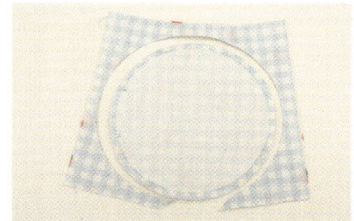

**4** 시접을 0.5cm 남기고 잘라낸다.

**5** 완성선에서 1~2mm 떨어진 선까지 가위집을 넣는다.

**6** 창구멍으로 뒤집는다.

**6-1**

**7** 공그르기로 창구멍을 막아 원을 완성한다.

**7-1** 원 앞판 모습

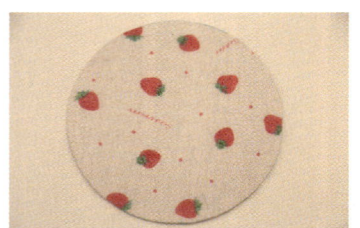

**7-2** 원 뒤판 모습

### 카드 커버 만들기

**1** 카드 커버 부분을 본을 대고 그려 자른다. 가운데 부분은 칼로 잘라낸다.

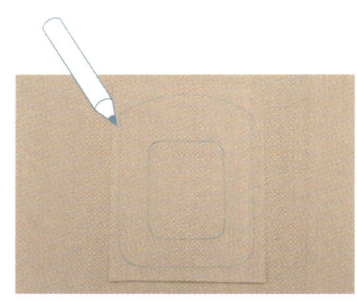

**1-1**

**1-2**

### 원에 카드 커버 붙이기

**1** 카드 커버 부분에 원단용 수성펜으로 박음질할 선을 그린다. (시접 0.3cm) 몸판에 카드 커버 부분을 대고 박음질한다.

**2-4** 종이 원단은 바늘구멍이 표시가 많이 나므로 천천히 한번에 박음질한다. 곡선 부분은 수동으로 풀리를 돌려가면서 박음질하면 좋다. 땀수를 4로 놓고 박음질한다.

### 끈 만들기

**1** 시접 0.5cm로 다림질하여 시접을 접어 넣고, 길게 반 접어 박음질하여 끈을 만든다.

**1-1**

### 가시도트 달기

**1** 카드 커버 부분에 끈을 고정하기 위해 가시도트를 단다.

**1-1**

**2** 바탕 둥근 원단과 끈에 가시도트를 열고 닫을 수 있도록 단다.

**2-1**

page : 107

**네임카드 만들기**

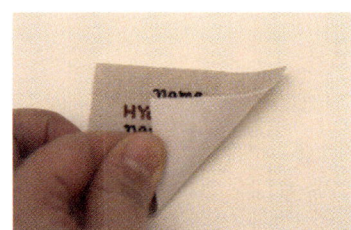

**1** 네임카드 원단 뒤쪽에 심지를 댄 뒤 패브릭 펜으로 글씨를 쓴다.(심지를 대면 올 풀림 현상이 방지되고 탄탄해진다.)

**1-1**

액자로도 사용할 수 있어요.

finish

## 이니셜 슬리퍼

how to make

발을 포근하게 감싸주는 슬리퍼.

마트에서 쉽게 구입할 수 있지만 이름의 이니셜을 펠트 원단으로 넣어
색다른 느낌의 실내 슬리퍼를 만들어 봅니다.
친구나 연인의 이름 첫 자를 넣어 선물해도 좋을 듯합니다.

## 14 이니셜 슬리퍼

- **완성사이즈**
  13×25cm

- **준비물**
  베이직 무지 린넨, 체크 린넨, 옐로 체크 면,
  블루 도트 면, 그린 프린트 면, 블루 체크 린넨,
  펠트, 4온스 접착솜, 2온스 접착솜, 라벨 2개

- **재단하기**
  **발등 겉** 21×17 2장 : 베이직 무지 린넨
  **발등 안** 21×17 2장 : 베이직 무지 린넨
  **발바닥 뒤** 14×28 2장 : 체크 린넨
  **발바닥 앞** 14×28 2장 : 베이직 무지 린넨
  **발등 데코** 16×7 2장 : 옐로 체크 면
  **발등 데코** 14×7 2장 : 블루 도트 면
  **발등 데코** 9×6 2장 : 그린 프린트 면, 블루 체크 린넨
  **발등 데코** 5×4 2장 : 네이비 펠트
  **발등 겉 퀼팅솜** 18×15 2장 : 4온스 접착솜
  **발바닥 뒤 퀼팅솜** 12×26 2장 : 2온스 접착솜
  **발바닥 앞 퀼팅솜** 12×26 2장 : 4온스 접착솜

부록에 있는 실물 크기의 본을 이용해 원단의
안쪽 면에 시접과 완성선을 그린 뒤 그림처럼 재단하세요.
접착솜에는 시접을 주지 않습니다.

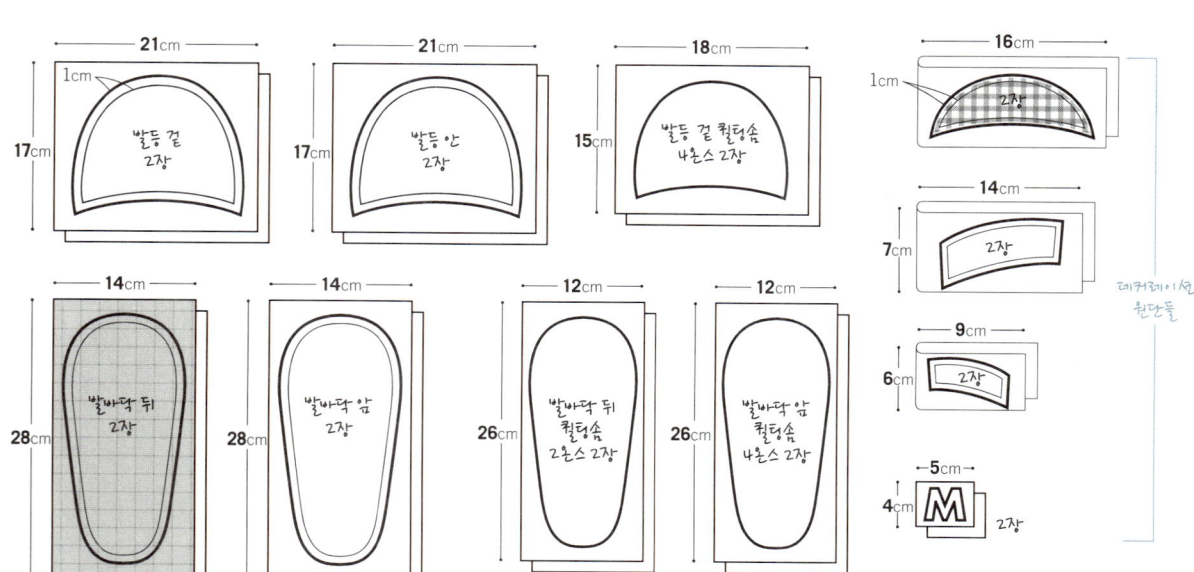

how to

### 퀼팅솜 붙이기

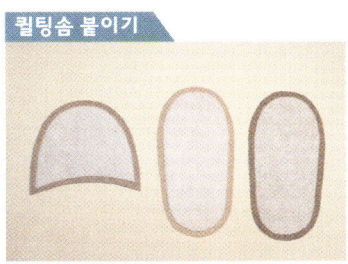

발등 겉감과 발바닥 앞판과 뒷판의 안쪽에 접착솜을 붙인다. 발바닥 뒤는 2온스, 나머지는 4온스 접착솜을 붙인다.(*29쪽 접착솜 붙이는 방법 참조)

### 발등 겉감에 데커레이션하기

**1** 시접을 다림질한다.

**2** 사진과 같은 순서대로 박음질한다.

**2-1**

**2-2**

**2-3**

### 이니셜 달기

**1** 펠트로 자른 이니셜 M자를 단다.

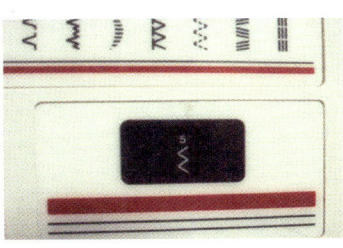

**1-1** 실을 진한 색으로 바꾼 뒤 지그재그로 고정한다.

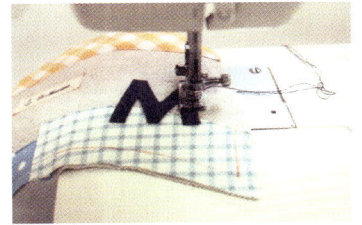

**1-2**

**1-3**

**1-4**

### 데커레이션 마감하기

실을 원래 색으로 바꿔 테두리를 지그재그로 박아 덧댄 원단을 고정한다.

### 발등 완성하기

**1** 발등의 겉감과 안감을 겉끼리 마주댄다.

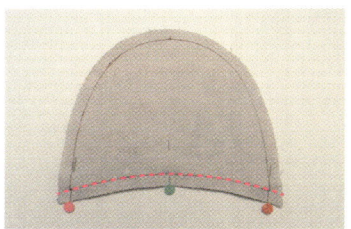

**2** 선을 따라 박음질한다.

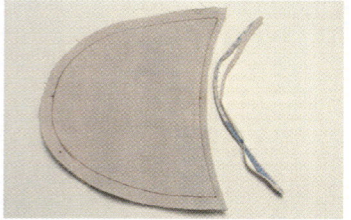

**3** 시접을 0.5cm 정도 남기고 자른다.

**4** 뒤집어서 시접을 정리해 다림질한다.

**5** 테두리를 지그재그로 박아 겉감과 안감을 함께 고정한다.

### 발등과 발바닥 앞판 연결하기

**1** 발바닥과 발등의 겉쪽에 본을 대고 원단용 수성펜으로 완성선과 중심, 너치를 표시한다.

**2** 중심과 너치들을 맞춘 뒤 시침핀을 꽂고 완성선보다 2~3mm 바깥쪽으로 박음질한다.(다음 단계에서 완성선을 박음질할 것이므로 이 단계에서는 고정하는 역할이다.)

**3** 발등부분을 납작하게 접어 시침핀으로 고정해 둔다.

### 발바닥 뒤판과 연결하기

**1** 발바닥 뒤판을 겉끼리 마주대고 중심과 너치들에 잘 맞춰 시침핀을 꽂은 뒤 창구멍을 남기고 박음질한다.

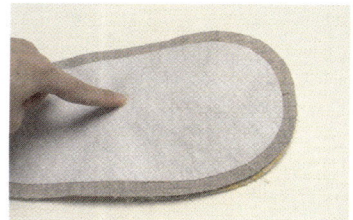

**1-1**

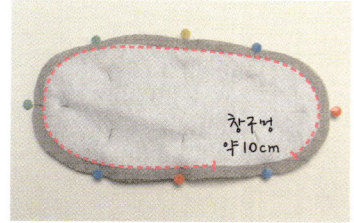

**1-2**

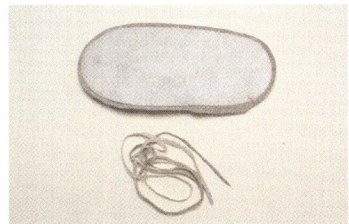
**2** 시접을 0.5cm 정도 남기고 잘라낸다.

**3** 완성선에서 2~3mm 떨어진 선까지 곡선에 가위집을 넣는다.

**4** 창구멍을 통해 뒤집고 다림질한다.

**5** 시접을 접어 넣어 정리하고 창구멍을 공그르기나 감침질로 막는다.

**5-1**

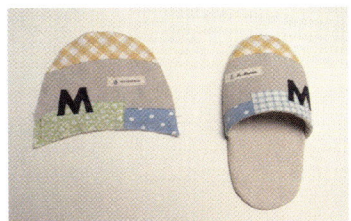
반대쪽은 데커레이션만 대칭으로 하여 똑같이 만들면 된다.

finish

Mini Apron

# 미니 에이프런
how to make

'카페 앞치마' 스타일인 미니 에이프런.

저는 앞치마를 참 좋아해요. 부엌에서 기분을 내고 싶으면 미니 에이프런을 하지요.
mp3를 넣을 수 있도록 컵 모양의 작은 주머니를 달았어요.
먹음직스런 머핀도 넣고,
예쁘게 글씨도 써 넣었습니다. 자신만의 개성을 담아 만들어보세요.

## 15 미니 에이프런

- **완성사이즈**
  80×43cm, 끈길이 양 옆으로 91cm씩, 총 260cm

- **준비물**
  베이직 무지 린넨, 레드 스트라이프 면,
  블루 스트라이프 면, 화이트 무지 린넨,
  핑크 도트 린넨, 얼그미 대마, 광목,
  화이트 펠트, 단추

- **재단하기**
  몸판 43×84 : 베이직 무지 린넨
  허리끈 132×8 : 레드 스트라이프 면
  주머니 14×13 : 블루 스트라이프 면
  손잡이 5×6 : 화이트 펠트
  머핀의 앞면 위 11×8 : 핑크 도트 린넨
  머핀의 앞면 아래 9×7 : 얼그미 대마
  머핀의 뒷면 위 11×8 : 광목
  머핀의 뒷면 아래 9×7 : 광목
  글씨 부분 14×9 : 화이트 무지 린넨

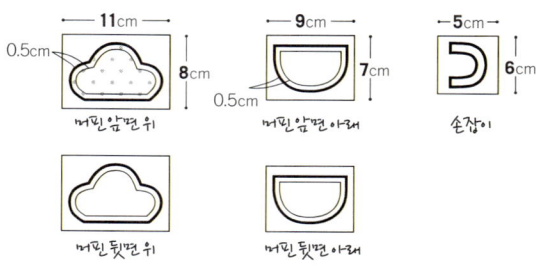

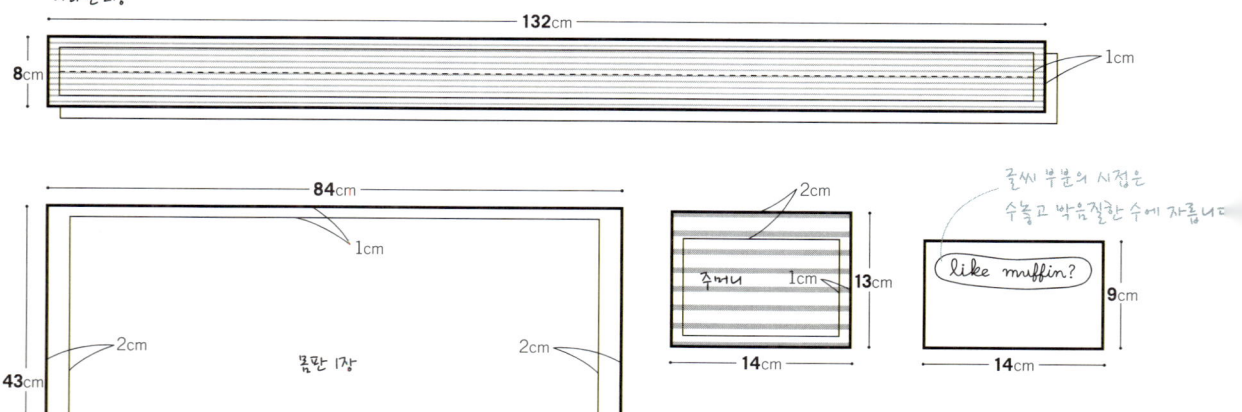

글씨 부분의 시접은
수놓고 박음질한 후에 자릅니다

머핀과 손잡이, 글씨는 부록에 있는 실물 크기의 본을 이용해
원단의 안쪽 면에 그린 뒤 그림처럼 시접을 주어 재단하세요.
나머지는 그림을 참고하여
원단의 안쪽에 완성선을 그려 재단하세요.

## how to

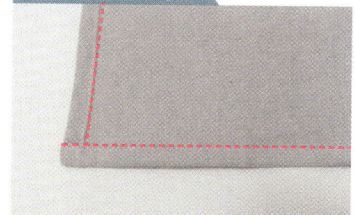

**몸판 시접 접어박기**

몸판의 양 옆선과 밑단을 1+1cm로 접어박기 한다.

**허리끈 만들기**

**1** 끈 두 장을 겉끼리 맞대고 옆선을 시접 1cm로 연결한다.

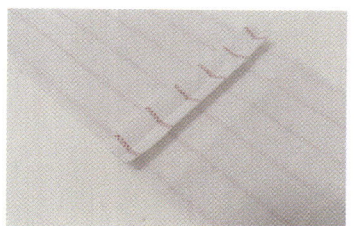

**2** 시접은 가름솔로 한다.

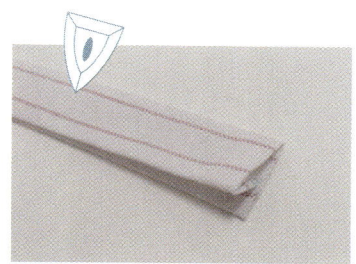

**3** 시접을 접어 다림질한다. 사방을 1cm로 접어 다리고 다시 길게 반으로 접어 다린다.

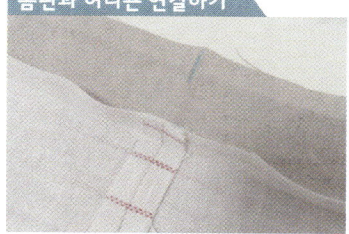

**몸판과 허리끈 연결하기**

**1** 몸판의 윗단에 중심을 표시하고 허리끈에도 중심을 표시한다.

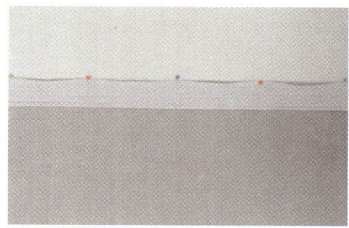

**2** 몸판의 안쪽을 겉으로 오게 두고 펼친 허리끈의 겉을 몸판의 안쪽과 마주 댄다. 몸판 윗단의 끝과 허리끈의 끝을 맞추어 중간 중간에 시침핀을 꽂는다.

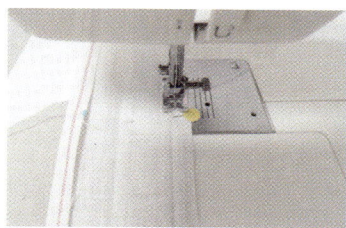

**3** 두 장이 맞대어진 부분을 시접 1cm로 박음질한다.

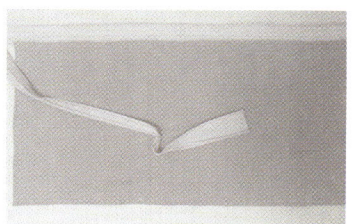

**4** 몸판을 겉쪽이 보이게 뒤집어 끈을 다림질한 대로 접어 박음질한다.

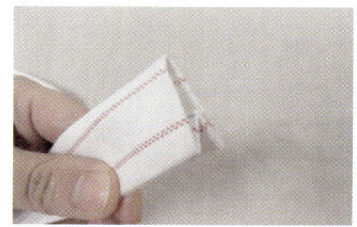

4-1

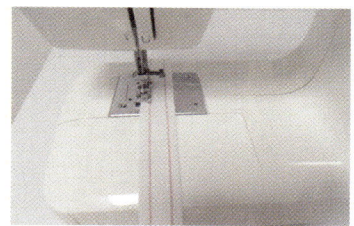

4-2

**4-3** 끈부터 몸판을 거쳐 다시 끈까지 ③의 박음질한 선이 살짝 가려질 정도로 박는다.

## 머핀 만들기

1 머핀의 윗부분과 머핀의 아랫부분의 안감과 겉감을 겉끼리 마주대고 박음질한다.

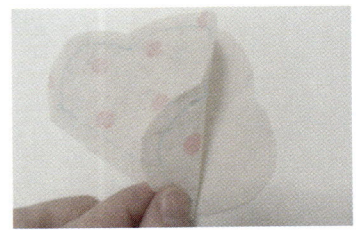

1-1

1-2

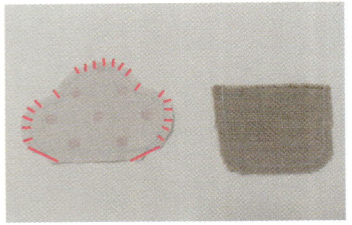

2 가위집을 넣는다. (*머핀 아랫부분의 얼그미마 원단은 성근 원단이므로 가위집을 주지 않는다.)

3 뒤집고 시접을 잘 정리한다.

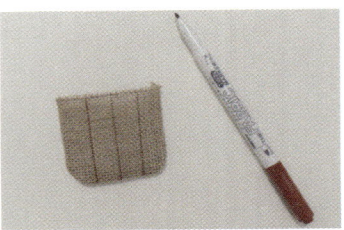

4 머핀 아랫부분에 패브릭 펜으로 선을 그린다.

## 글씨 만들기

1 화이트 원단의 아랫부분에 여유를 두고(반 접어 박음질할 것이므로 반 정도와 시접을 여유로 둔다.) 본을 따라 원단용 수성펜으로 그린다. (*실물 크기의 본 – 부록 참조)

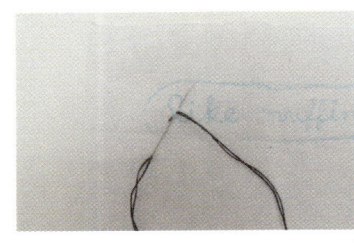

2 검정실로 글씨의 선을 따라 백스티치(박음질)로 수놓는다. (두꺼운 실은 두 겹. 25번 자수실은 3겹)

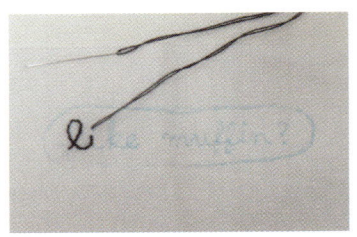

2-1 점을 수놓을 때는 점 위로 바늘을 빼내어 세 번 정도 돌려 매듭을 진 후 바로 옆으로 바늘을 넣어 완성한다. 이 방법이 프렌치너트 스티치이다.

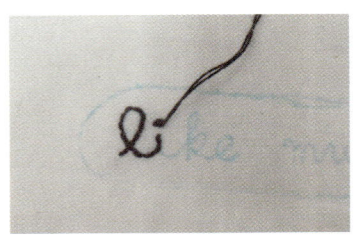

2-2

3 수놓은 원단을 겉끼리 맞닿도록 반 접어 창구멍을 남긴 뒤 완성선을 따라 박음질한다.

4 시접 4mm 정도 남기고 자른 다음 곡선부분에 완성선에서 1~2mm 떨어진 선까지 가위집을 넣는다.

**5** 창구멍을 통해 뒤집고 시접을 잘 정리해서 모양을 만든다.

## 주머니 만들기

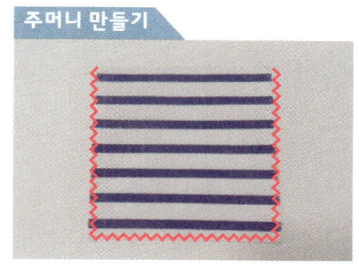

**1** 윗단을 제외한 나머지 면의 테두리를 지그재그로 처리한다

**2** 주머니의 윗단을 0.5+1cm로 접어박기한다.

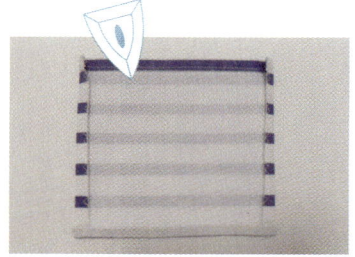

**3** 옆선과 밑단을 1cm로 접어 다린다.

## 몸판 데커레이션

**1** 머핀, 글씨, 주머니를 몸판에 적절히 배치한다.(핀으로 임시고정해서 앞치마를 착용해보고 배치하는 것이 좋다.)

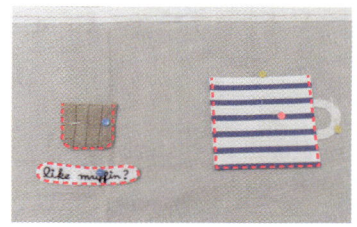

**2** 머핀의 아랫부분, 글씨부분, 주머니(윗단 빼고)의 테두리를 박는다. 주머니를 박을 때 펠트 컵 손잡이를 끼우고 박음질한다.

**3** 머핀의 윗부분을 아래 부분이 0.5cm 정도 가려지도록 배치하여 박음질한다.(박음질하면서 창구멍을 막는다.)

**4** 머핀에 단추를 단다.

finish

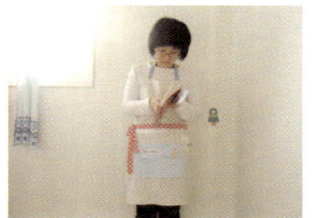

# 원피스 앞치마
*how to make*

미니 에이프런의 몸판에 상단 원단을 끼우고 허리끈을 연결하면 원피스 스타일의 앞치마가 완성됩니다.

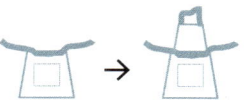

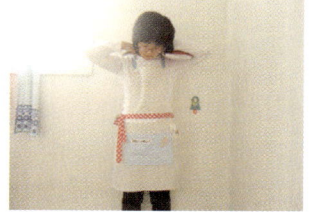

## 16 원피스 앞치마

- **완성사이즈**
  81×71cm, 상단 가로폭 24cm

- **준비물**
  완성된 하단부, 베이직 무지 린넨,
  스카이 해지 면, 단추

- **재단하기**
  *미니 에이프런에 추가로 상단을 더 재단한다.
  **상단** 29×34cm : 베이직 무지 린넨
  **목끈** 53×6 : 스카이 해지 면

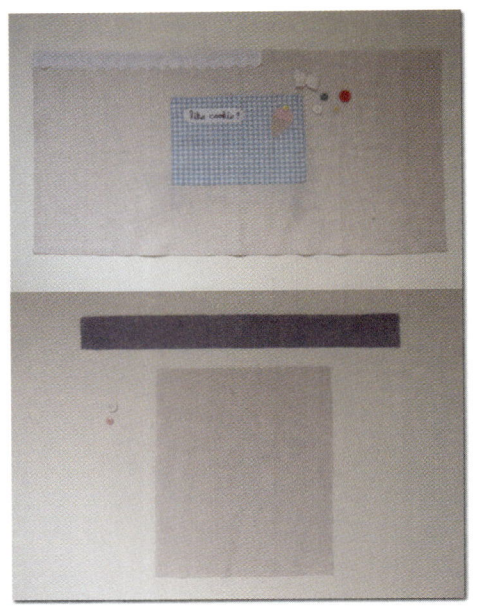

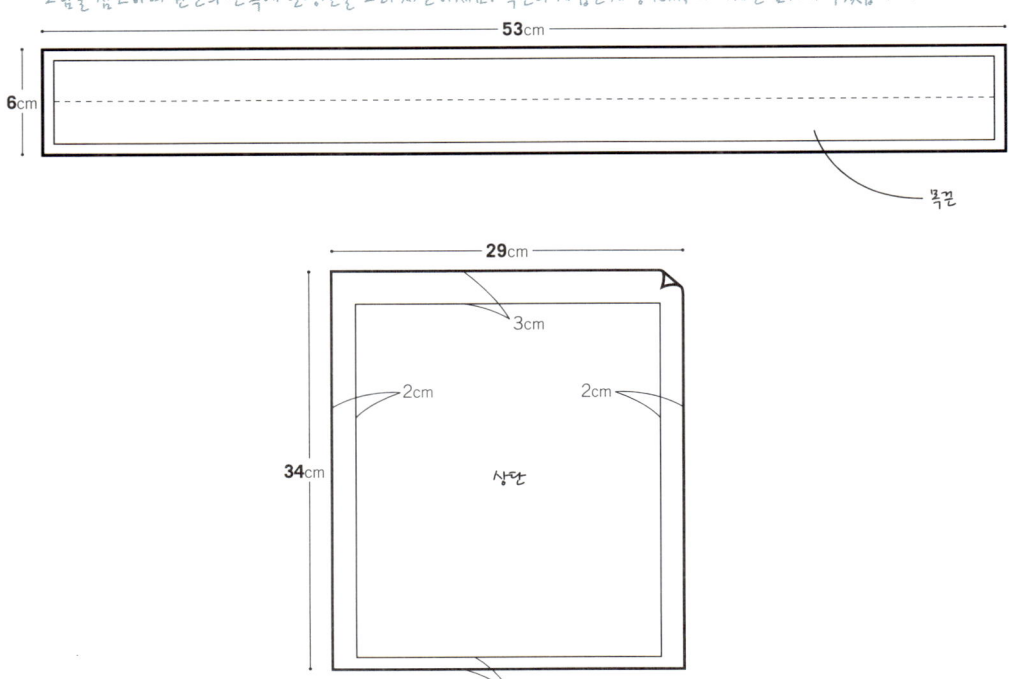

### 목끈 만들기

**1** 시접을 1cm 접어 다리고 다시 길게 반으로 접어 다린다.

**2** 양옆을 눌러 박는다.

### 상단 만들기

양쪽 옆선은 1+1로 접어 박는다. 윗단은 1+2로 접어 다림질한다.

### 상단에 끈 끼우기

**1** 상단부의 윗단에 사진처럼 끈을 끼워준다.

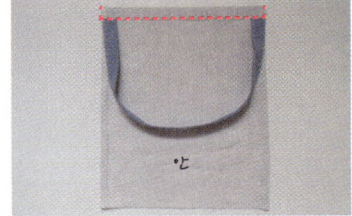

**2** 끈이 꼬이지 않도록 끼워 박음질한다.

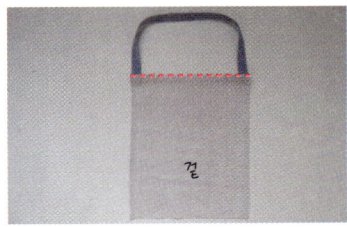

**3** 끈을 위쪽으로 접어올리고 겉에서 고정해 박음질한다.

### 상단과 하단 연결하기

앞치마의 허리끈을 달기 전, 아랫단 안쪽이 위로 오도록 둔다. 그 위에 상단의 겉이 위로 오게 두되 아랫단의 윗선과 상단의 밑선을 맞추고 중앙에 배치한다. 지그재그로 두 원단을 고정한다.

### 허리끈 달기

허리끈은 미니 에이프런과 같은 방법으로 단다.

### 상단 고정하기

**1** 상단을 위쪽으로 접어 올려 다림질한다.

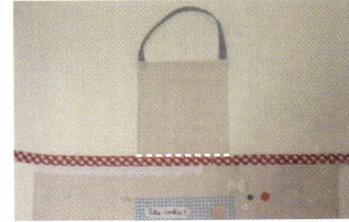

**2** 겉쪽에서 허리끈의 위쪽을 상단과 함께 박음질해서 상단을 위로 향하게 고정시킨다.

**2-1**

### 단추 달기

적당한 위치에 단추를 단다.

Pajama Pants

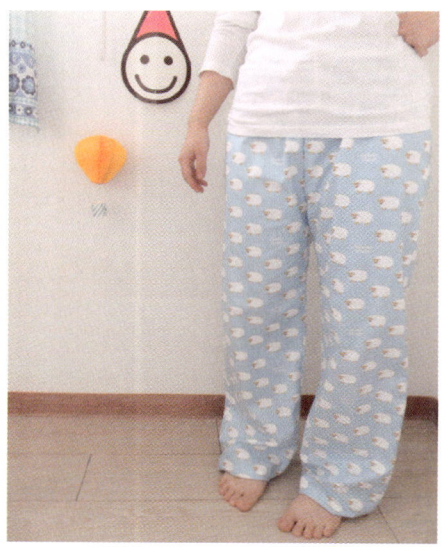

# 파자마 팬츠
how to make

맘에 드는 파자마를 입으면 왠지 잠이 잘 올 것 같은 기분이 듭니다.

만드는 방법도 은근 쉬워 하나를 완성시키고 나면
긴 파자마, 트렁크 팬츠, 7부 등 다양한 아이템에 도전하고 싶어집니다.

## 17 파자마 팬츠

- **완성사이즈**
  허리 35~53 × 엉덩이 63.5 × 길이 91cm
  파자마 본은 키 160cm 정도에 맞춰 제작한 것입니다.
  S, M, L 사이즈가 있습니다.
  완성본은 M 사이즈입니다.

- **준비물**
  스카이 도트 면, 허리끈용 바이어스 150cm,
  2cm 폭 고무줄(허리사이즈×0.9+3cm), 라벨

- **재단하기**
  **150폭 원단** 120cm(1.3yd)
  (110폭 원단일 경우 230cm 2.5yd)

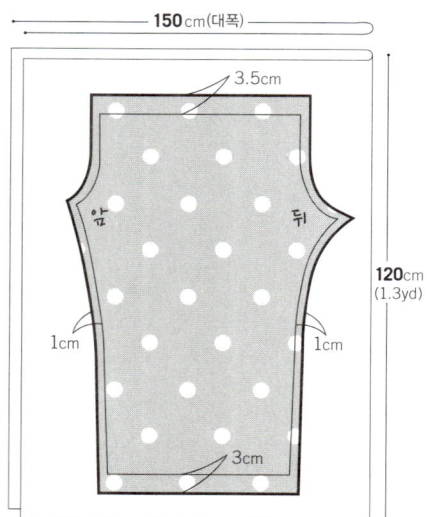

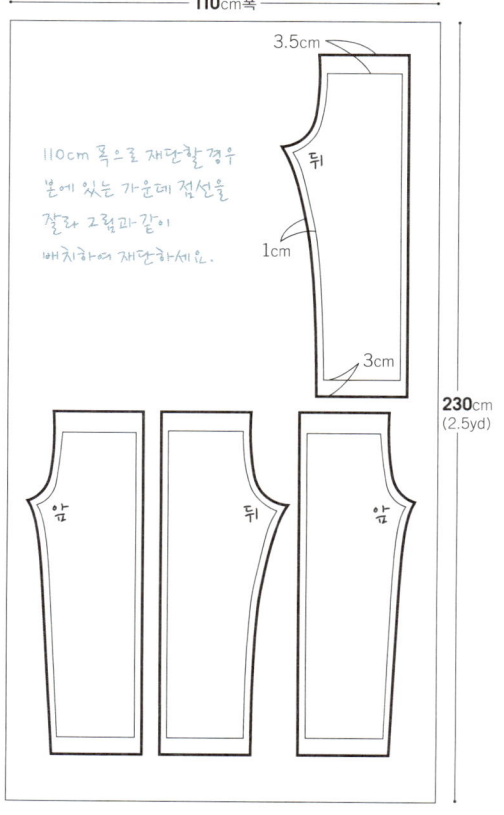

110cm 폭으로 재단할 경우
본에 있는 가운데 점선을
잘라 그림과 같이
배치하여 재단하세요.

부록에 있는 실물 사이즈 본을 이용해 원단의 안쪽 면에
완성선을 그린 뒤 그림처럼 시접을 주어 재단하세요.

2장을 재단하되 한장은 수평 반전되어야 합니다.
그림처럼 원단을 반으로 접은 상태에서 두 장을 함께
자르면 됩니다.

how to

### 재단하기(150폭일 경우)

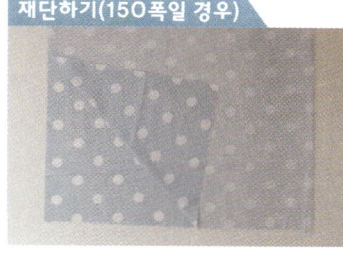

**1** 150폭 원단의 안쪽이 겉으로 오도록 반으로 접는다.

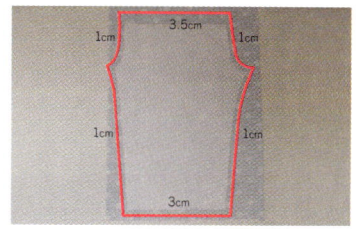

**2** 패턴을 그 위에 놓고 사진을 참고하여 시접을 주고 재단한다. 반으로 접지 않고 그냥 재단해도 되는데 한 장은 본을 바로 놓고, 한 장은 본을 반대쪽으로 뒤집어서 재단한다.

### 밑아래 박음질하기

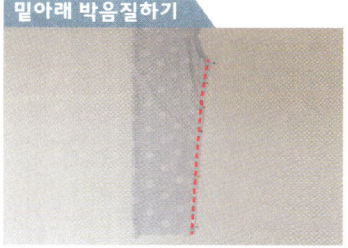

**1** 핀을 꽂아 밑 아래선을 맞춰 박음질한다.

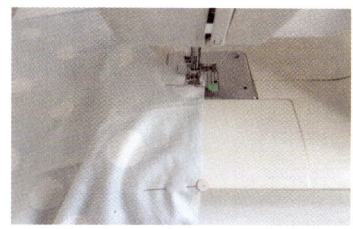

**1-1**

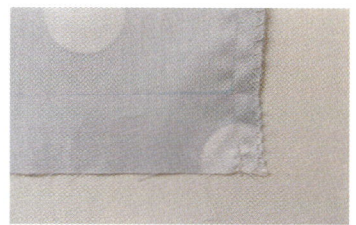

**2** 시접 두 장을 한 번에 지그재그 처리한다.

**3** 튀어나온 부분을 자른다. 나머지 한쪽도 똑같이 한다.

### 밑단 접어박기

**1** 밑단은 시접을 1cm 접고 다시 2cm 접어서 박음질한다. 시접을 원단에 표시할 때 원단의 겉쪽에 표시하면 접어박기할 때 편하다.

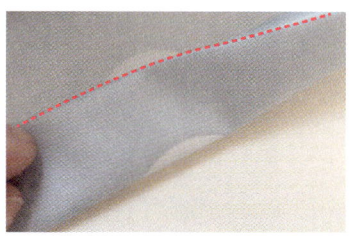

**1-1**

**1-2**

**1-3**

### 밑위 박음질하기

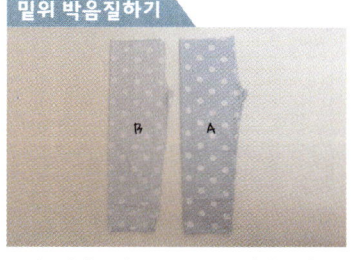

**1** A는 겉이 보이도록 두고 B는 안이 보이도록 뒤집는다.

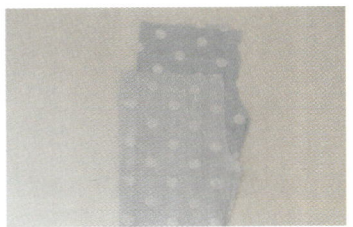

**2** B안에 A를 집어넣어 두 장의 밑위 선을 맞춘다.

**2-1**

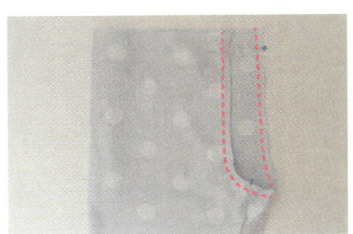

**3** 밑위를 박음질한다.

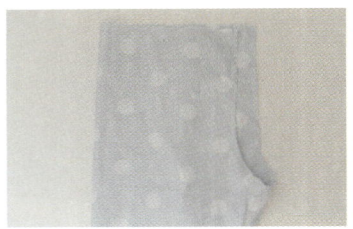

**4** 두 겹을 함께 오버로크한다.

**5** 겉이 보이도록 뒤집는다.

**5-1**

### 단춧구멍 뚫기

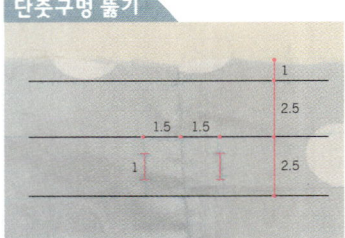

**1** 앞쪽에 단춧구멍을 뚫는다.(*20쪽 단춧구멍 재봉 방법과 147쪽 단춧구멍 만들기 참조)

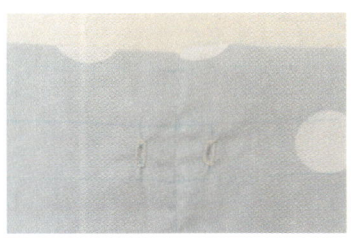

**1-1**

### 윗단 접어박기

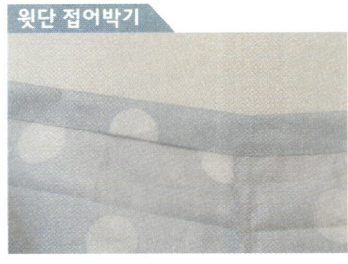

**1** 고무줄이 들어갈 창구멍 7cm 정도 남기고 윗단을 접어 박는다. 1cm 접고 다시 2.5cm 접어서 박음질한다.

**1-1**

### 고무줄 넣기

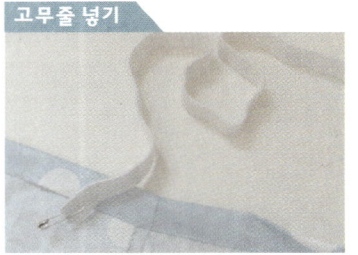

**1** 창구멍으로 고무줄을 넣는다.

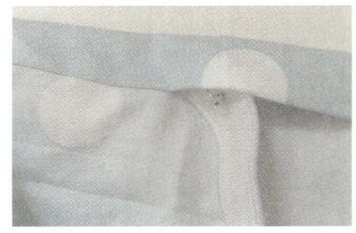

**1-1**

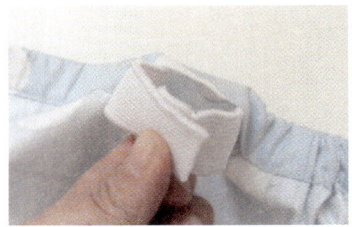

**2** 고무줄의 양쪽을 겹쳐 두겹을 박음질로 고정한다.

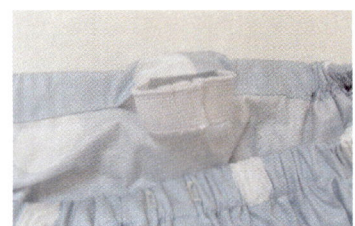

**2-1** 고무줄을 당겨 안으로 넣는다.

**3** 창구멍을 박음질로 막은 후 고무줄을 잘 정돈한다.

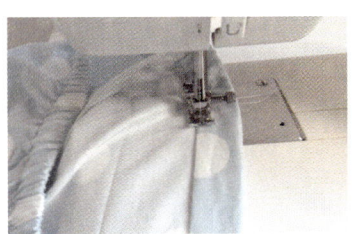

**3-1**

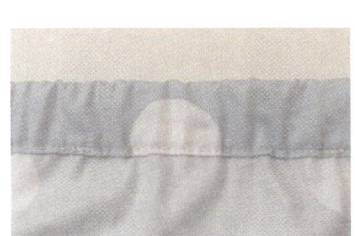

**3-2**

### 허리끈 넣기

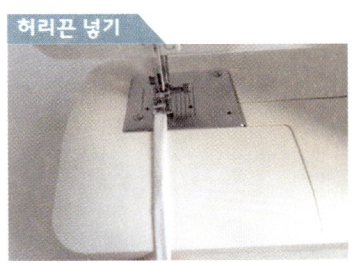

**1** 바이어스를 박음질해서 끈을 만든다.

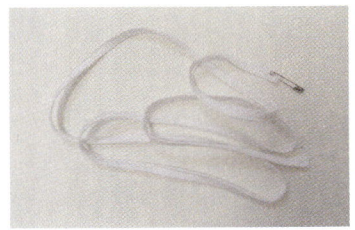

**1-1**

**2** 단춧구멍 안으로 끈을 넣는다.

**2-1**

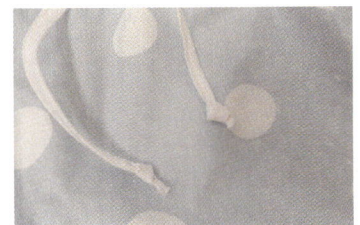

**3** 끝을 묶어 마무리한다.

### 라벨 달기

적당한 위치에 라벨을 단다.

finish

매일 매일 재봉하는 재미에 빠졌다면 살짝 난이도 있는 아이템에 도전할 차례입니다.

아, 그렇다고 두려워할 필요가 전혀 없습니다. 빠진 과정 없이
친절하고 자세하게 적어놓았으니까요.
아이를 위한 가방, 공간을 위한 아이템, 나를 위한 옷 등 신통방통한 재봉틀 한 대에서
얼마나 놀라운 선물이 쏟아져 나오는지, 우리 모두 기대해 볼까요?

## chapter 2

# 월 포켓

*how to make*

벽에 거는 주머니, 이름은 '2층 카페'입니다.

2층 지붕에는 긴 자를 넣을 수 있고 창문에는 작은 액세서리를 보관할 수 있어요.
1층 지붕에는 영수증, 우편물, 작은 책자를,
현관문에는 볼펜을 꽂아두고 지퍼주머니에는 립글로스나 USB 등을 넣어둘 수 있지요.
월 포켓 하나만 있으면 책상 위가 깨끗해지겠죠?

## 18 월 포켓

● **완성사이즈**
43×64cm

● **준비물**
스트라이프 린넨, 블루 체크 면, 레드 도트 린넨,
스카이 해지 면, 살구 도트 린넨, 민트 도트 린넨,
광목, 화이트 무지 린넨, 아이스크림 모형 만들 원단 조금,
26cm 장식지퍼, 패브릭 스티커, 라벨들, 장식테이프 조금,
모양대로 자른 원단, 단추들, 가시도트 알 4세트
(단추와 단추구멍으로 대체가능), 가시도트 기구, 옷걸이

● **재단하기**
**몸판** 45×62 2장 : 스트라이프 린넨
**지붕** 48.5×28 2장 : 블루 체크 면
**잠금부분** 42×20 : 스트라이프 린넨
**현관** 14×32 : 레드 도트 린넨
**큰창문 앞판** 9×7 : 살구 도트 린넨
**작은창문 앞판** 7×6 : 민트 도트 린넨
**큰창문 뒤판** 9×7 : 광목
**작은창문 뒤판** 7×6 : 광목
**이어폰 고리** 6×6 : 스카이 해지 원단
**주머니 입구천** 22×5 : 화이트 무지 린넨
**주머니감** 22×25 : 광목
**아이스크림** 5×4  5×6  5×8 : 자투리 원단

그림을 참고하여 원단의 안쪽에 완성선을 그려 재단하세요.
아이스크림은 부록에 있는 실물 크기의 본을 이용해 원단의
안쪽 면에 그린 뒤 그림처럼 시접을 주어 재단합니다.
주머니 입구 천과 주머니감은 시접을 두지 않습니다.

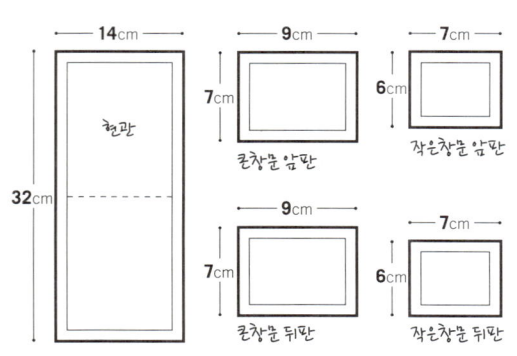

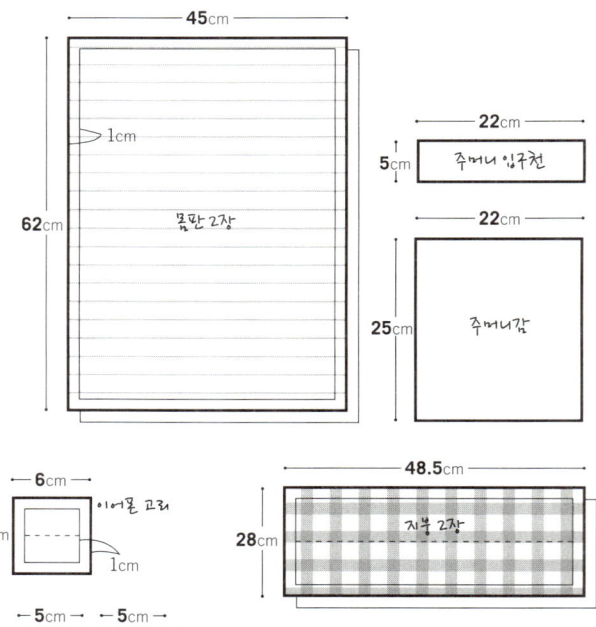

### 지붕 만들기

**1** 지붕 만들 원단을 반으로 접는다.

**1-1**

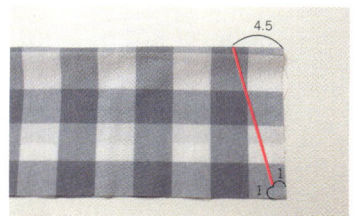

**2** 한쪽에 사선을 표시한다.

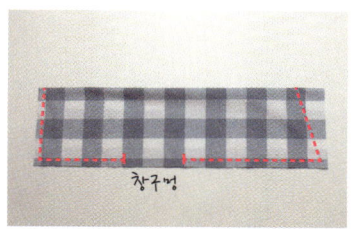

**3** 아래쪽에 창구멍을 남기고 박음질한다.

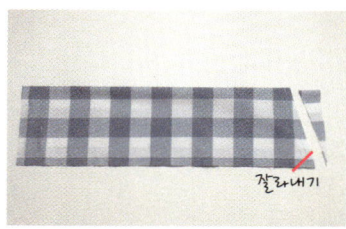

**4** 모서리 시접을 완성선에서 2~3mm 떨어져서 사선으로 잘라낸다.

**5** 시접을 안쪽으로 접어 다린다.

**6** 창구멍으로 뒤집은 뒤 정리해서 다림질한다. 창구멍 시접도 잘 접어 넣어 다린다. 나머지 지붕도 똑같이 만든다.

**7** 1층 지붕에 패브릭 스티커를 다림질로 붙인다.(*139쪽 패브릭 스티커 붙이는 방법 참조)

**7-1**

**8** 2층 지붕에 라벨을 단다.

**8-1**

## 잠금 부분 만들기

1 겉끼리 마주보도록 반으로 접는다.

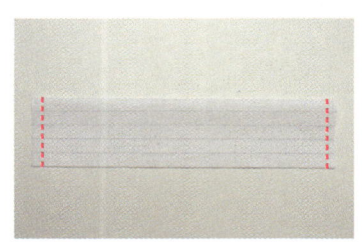
2 양쪽 옆선을 시접 1cm로 박음질한다.

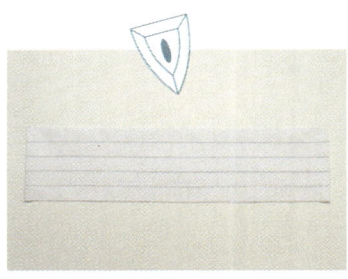
3 뒤집어 다림질한다.

## 현관문 만들기

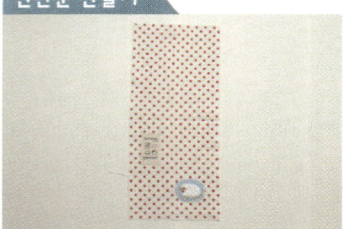
1 현관문 원단에 라벨을 달고 포인트 원단을 지그재그로 단다.

2 겉끼리 마주보도록 반으로 접는다.

3 창구멍을 남기고 표시한 부분을 시접 1cm로 박음질하고 모서리시접을 사선으로 자른다.

3-1

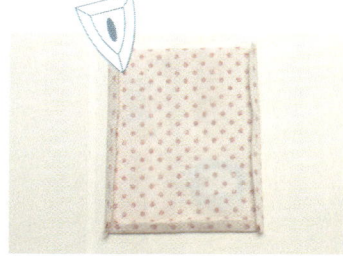
4 시접을 안쪽으로 접어 다린다.

5 창구멍으로 뒤집어 정리하여 다림질한다.(창구멍은 나중에 몸판에 고정하면서 막는다.)

## 이어폰 고리 만들기

1 시접을 1cm로 접어 다린 후 테두리를 박음질한다.

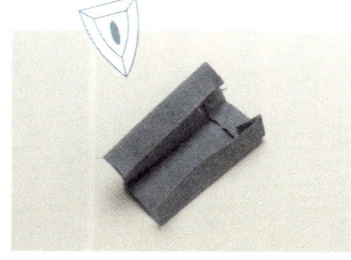
1-2

1-3

page : 137

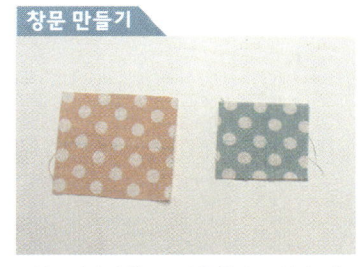

**창문 만들기**

**1** 창문 앞판에 창문 모양을 홈질로 수놓는다.

1-1

1-4

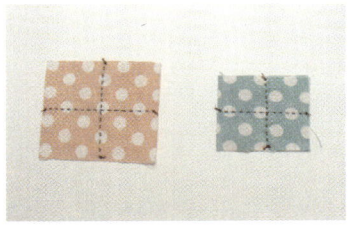

1-2

**2** 창문의 앞판과 뒷판을 겉끼리 마주 댄다.

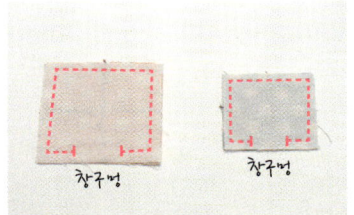

**3** 창구멍을 남기고 테두리를 시접 1cm로 박음질한다.

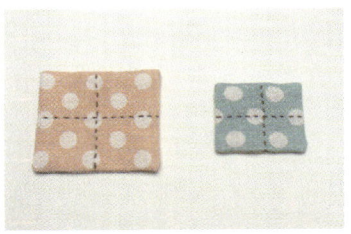

**4** 시접을 안쪽으로 접어 다린 뒤 창구멍으로 뒤집어 정리하여 다림질한다.(창구멍은 나중에 몸판에 고정하면서 막는다.)

**아이스크림 만들기**

(*190~191쪽 아이스크림 만드는 법 참조)

**위치 정하기**

만든 장식들과 지퍼를 배치해 보고 원단용 수성펜으로 표시한다.

**지퍼주머니 만들기**

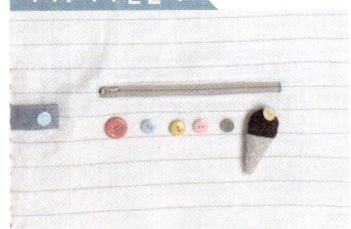

(*140~141쪽 지퍼 주머니 만드는 방법 참조)

**현관문과 이어폰 고리 달기**

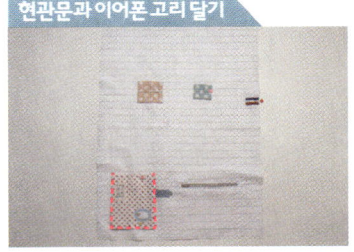

**1** 이어폰 고리와 현관문 위치를 정해 시침핀을 꽂고 박음질한다.(이어폰 고리는 현관문 아래쪽에 끼우고 박음질한다.)

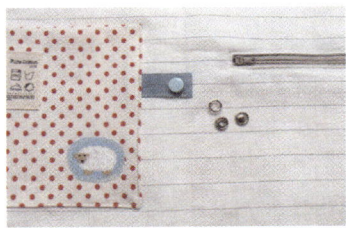

**2** 이어폰 고리에 가시도트를 단다.(*80~81쪽 가시도트 다는 방법 참조)

**2-1**

### 창문달기

창문 위치를 정하고 박음질한 뒤 장식테이프를 반 접어 시침핀을 꽂은 다음 시접에 박음질로 고정한다.

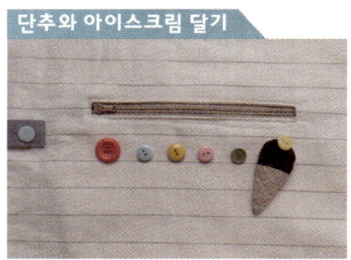

### 단추와 아이스크림 달기

단추들과 아이스크림을 단다.

### 잠금 부분 몸판에 고정하기

잠금 부분을 위쪽 면 중심에 위치시켜 시접에 박음질로 고정한다.

### 몸판의 앞판과 뒷판 연결하기

**1** 몸판의 앞판과 뒷판을 겉끼리 마주대고 창구멍을 남기고 시접 1cm로 박음질한다.

**1-1**

**2** 시접을 안쪽으로 접어 다림질한다.

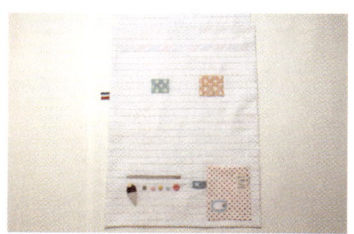

**3** 창구멍으로 뒤집은 뒤 모서리를 잘 정리하고 다림질한다.

### 지붕 달기

지붕은 사진의 표시처럼 박음질하여 단다.

### 가시도트 달기

잠금 부분에 가시도트를 단다.(*80~81쪽 가시도트 다는 방법 참조) 뒤쪽으로 반 접어 잠기도록 한다.

finish

## 패브릭 스티커 붙이는 방법

전사는 테두리까지 함께 되지만 패브릭스티커는 모티브만 깔끔하게 붙일 수 있어요. 붙이는 방법은 전사하는 방법과 비슷합니다.

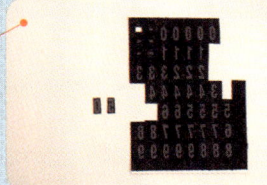

**1** 원하는 숫자나 모티브를 5mm 정도 여유를 주며 자른다.

**1-1**

**2** 스티커를 붙일 원단을 놓고 그 위에 패브릭 스티커를 놓는데, 모양이 있는 쪽을 밑으로 둔다. 모양이 수평반전이 되어있기 때문에 방향을 꼭 확인한다.

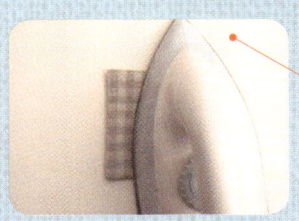

**3** 다리미의 온도를 면으로 설정해 예열한 뒤 스티커 위에 면 원단을 덮고 약 20~30초간 다리미질을 한다.

너무 오래 열을 가하면 원단색이 누렇게 변할 수 있으니 주의하고, 잘 안 붙은 곳이 있나 확인하면서 눌러 다림질하세요.

**4** 열을 식힌 후에 용지를 떼어낸다.

**4-1**

**완성**

패브릭 스티커를 붙이고 다림질할 때 열에 녹는 스티커도 있으니 그 부분을 피해서 다림질해야 합니다.

## 지퍼 주머니 만드는 방법

**준비물**
지퍼를 달 원단, 입구천, 주머니 원단

**재단하기**
지퍼가 보이는 길이 15cm(사용한 지퍼는 26cm 소품용 지퍼), 입구천(22x5), 주머니감(22x25) – 시접이 포함된 사이즈임

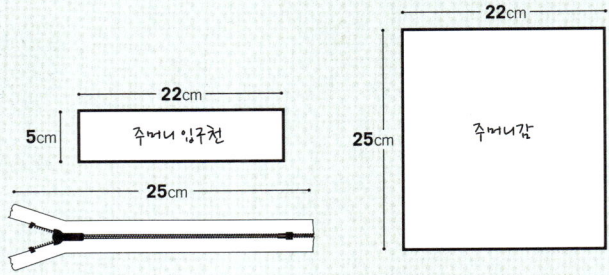

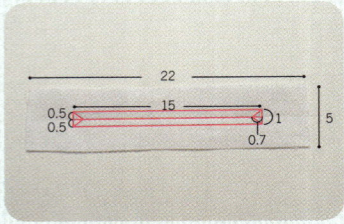

1 입구천의 안쪽 면에 사진처럼 수성펜으로 표시한다.(지퍼의 길이에 따라 가로 사이즈는 변경하면 된다.)

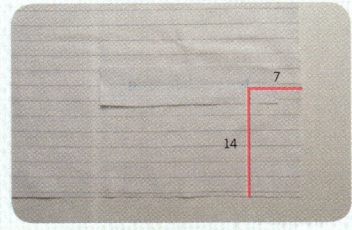

2 주머니를 달 위치에 입구천을 시침핀으로 고정한다.

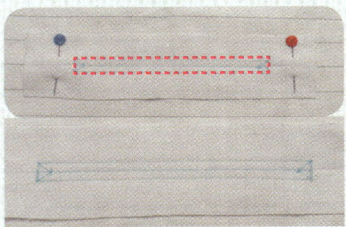

3 사진처럼 박음질한다.

4 가위집을 내어 사진처럼 자른다. 사선부분은 테두리와 가까이(1~2mm) 자른다.

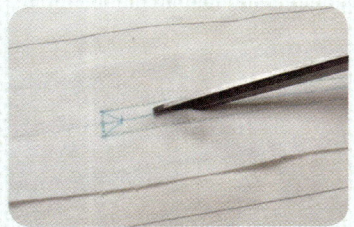

4-1

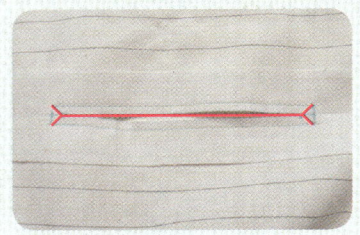

**tip** 지퍼가 달릴 부분인 몸판의 안쪽 면과 입구천의 안쪽 면에 실크 심지를 붙이면 더 좋다.

5 뒤집는다.

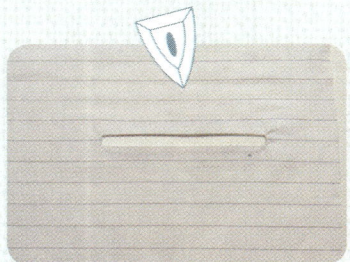

6 시접을 잘 정리해서 다림질한다.

7 지퍼를 대고 박음질한다.

**8** 박음질하면서 지퍼 고리가 가까워지면 바늘을 꽂은 상태에서 노루발을 들고 지퍼를 반대쪽으로 열어 보내고 이어서 박음질한다.

8-1

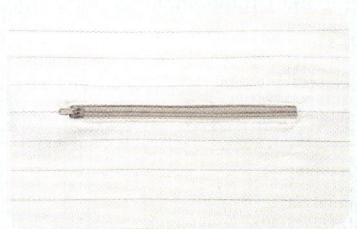

8-2

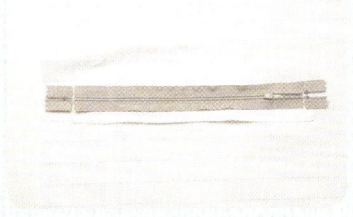

**9** 안쪽에서 봤을 때 입구천보다 밖으로 나간 지퍼부분을 자른다.

**10** 입구 천과 주머니 원단을 겉끼리 마주보게 하되 입구 천의 밑선과 주머니 원단의 밑선을 맞춘다.

10-1

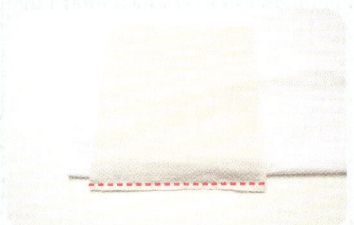

**11** 몸판을 같이 박음질하면 안 되고 입구천과 주머니원단 두 겹만 박음질한다.(나머지 원단들은 위로 젖힌다.)

**11-1** *젖힌 원단을 펴고 박음질한 원단을 아래로 내렸을 때의 모습

**12** 주머니 원단을 위로 접어 올린 뒤 입구천의 윗부분과 마주 댄다. ⑪과 같은 방법으로 박음질한다.

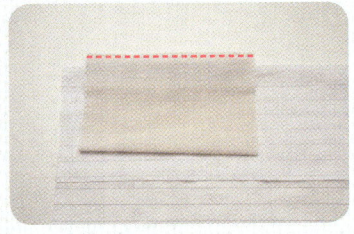

12-1

**13** 주머니 원단을 아랫방향으로 두고 옆선을 박음질한다. (박음질할 때 지퍼도 같이 박음질 되도록 한다.) 왼쪽 옆선도 같은 방법으로 박음질한다.

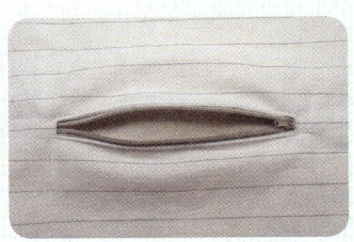

**완성** 겉쪽에서는 지퍼만 보이게 된다. 지퍼는 포인트 컬러를 사용해도 좋다.

# 아기 배낭

*how to make*

친구 아들의 첫 번째 생일선물로 만든 배낭입니다.

파트 1에서 소개된 스트링 파우치를 조금 응용해서 만들어본 거예요.
아기가 쓸 거라서 부드러운 색상의 원단,
그 중에서도 면과 린넨을 사용했어요.

이제 엄마도 도울 겸 자신의 기저귀와 우윳병 정도는
이 배낭에 넣어 가지고 다니겠죠?

## 19 아기 배낭

- **완성사이즈**
  20×23×5cm

- **준비물**
  민트 스트라이프 옥스포드 면, 광목,
  베이직 무지 린넨, 화이트 무지 린넨, 2온스 접착솜,
  면 끈 65cm, 자석 단추, 똑딱이 단추, 라벨

- **재단하기**
  겉감 28×26 2장 : 민트 스트라이프 옥스포드 면
  안감 28×31 2장 : 광목
  뚜껑 16×14 2장 : 베이직 무지 린넨
  주머니 12×18 : 화이트 무지 린넨
  끈 45×7 2장 : 베이직 무지 린넨
  고리 12×5 : 베이직 무지 린넨
  뚜껑 접착솜 16×14 : 2온스 접착솜

그림을 참고하여 원단의 안쪽에
완성선을 그려 재단하세요. 사방에 시접은 1cm이며
접착솜에는 시접을 주지 않습니다.

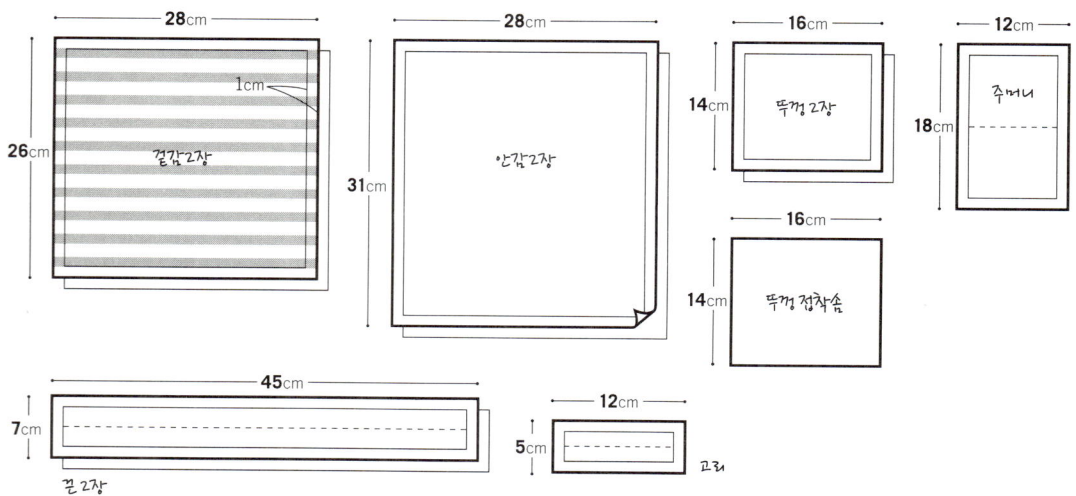

## how to

### 뚜껑 만들기

**1** 뚜껑의 안쪽 면에 완성선을 표시한다. 아래 모서리는 사진과 같이 둥글린다.

**2** 접착솜 위에 뚜껑 원단을 올린다.(내려다 봤을 때 접착솜은 접착알갱이가 붙은 면이 보이게 두고 그 위에 뚜껑은 겉이 보이게, 맨 위에 뚜껑은 안이 보이게 둔다.)

**3** 시침핀으로 고정시켜두고 윗부분을 뺀 나머지를 박음질한다.

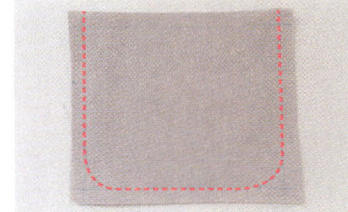

**3-1**

**4** 솜의 시접은 완성선에서 1~2mm만 남기고 잘라낸다.

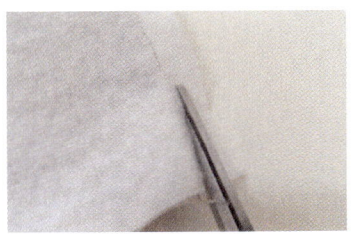

**4-1**

**4-2**

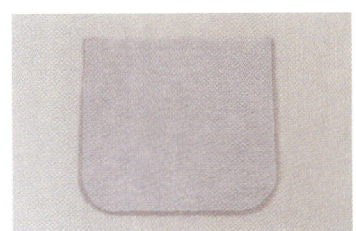

**4-3** 원단 시접은 0.5cm 남기고 자른다.

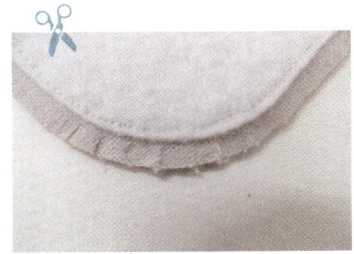

**5** 곡선 부분에 가위집을 넣는다.

**6** 뒤집어서 다림질한다.

**7** 라벨을 단다.

### 주머니 만들기

**1** 원단을 겉끼리 마주하도록 반으로 접는다.

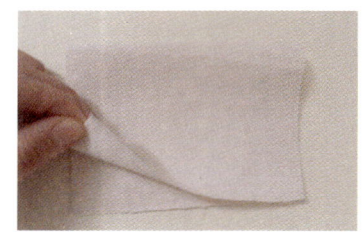
**1-1**

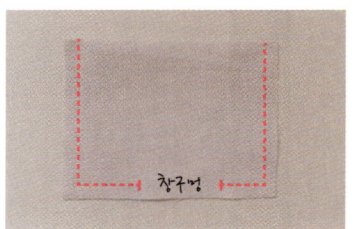
**2** 창구멍을 남기고 박음질한다.

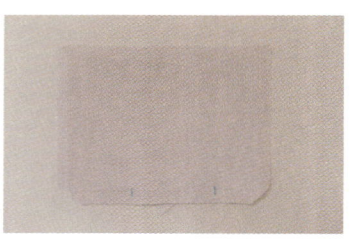
**3** 박음질한 모서리 부분의 시접은 완성선에서 약 0.3cm 남기고 사선으로 자르고, 시접은 안으로 접어 다린다.

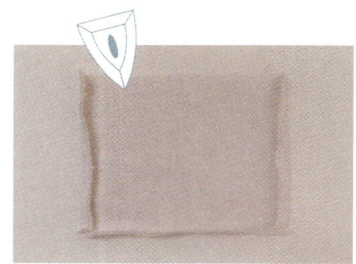
**3-1**

**4** 창구멍으로 뒤집고 다림질한다. 창구멍은 몸판에 주머니를 달 때 박음질하면서 막을 것이므로 그냥 둔다.

### 끈과 고리 만들기

**1** 긴 변을 시접 1cm씩 접어 다린다.

**2** 사진과 같이 길게 반 접어 다린다.

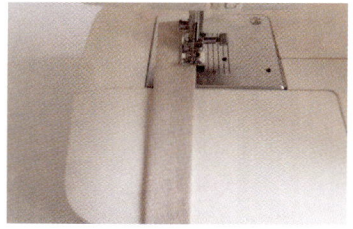
**3** 끈 모양이 되도록 박음질한다. 다른 변도 상침한다.

**4** 나머지 한쪽 끈과 고리도 마찬가지로 만든다.

### 겉감 만들기

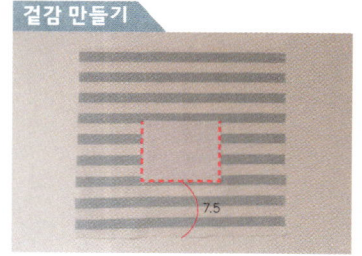
**1** 겉감 앞판에 주머니를 단다.

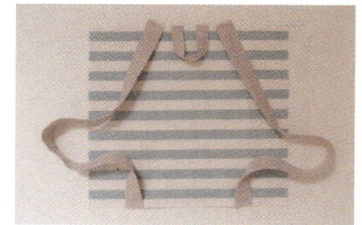
**2** 겉감 뒤판에 고리, 끈을 먼저 고정하고 그 후에 뚜껑을 고정한다.(시접에 고정하는 것이다.)

2-1

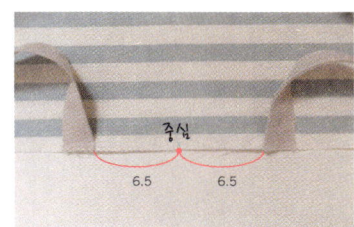

2-2

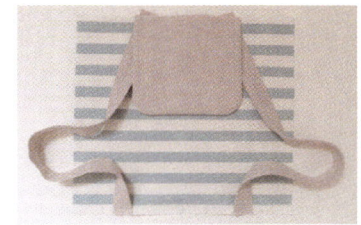

2-3

**3** 겉감의 겉끼리 마주대고 밑단선을 박음질하는데, 양 옆 1cm를 빼고 박음질한다. 박음질한 다음 시접은 가름솔로 한다.

### 안감과 단춧구멍 만들기

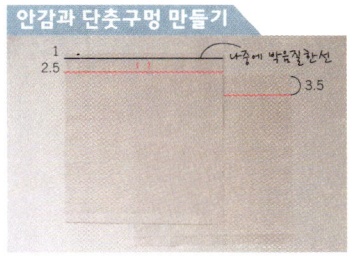

**1** 안감의 겉면에 3.5cm 선과 단춧구멍의 위치를 표시한다.(박음질선과 3.5cm 선 사이에 단춧구멍을 표시한다. 중심선에서 양쪽으로 1cm씩 나간 곳에서 구멍크기 1cm를 표시한다.)

**2** 안감 중 앞쪽 판에 단춧구멍을 만든다.

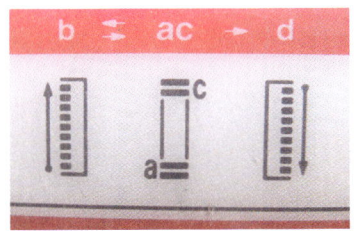

**2-1** 단춧구멍 노루발로 바꿔준 다음 박음질패턴을 단춧구멍모드로 선택한 뒤 단춧구멍을 만든다. a〉b〉c〉d 순서로 패턴을 돌려가며 박음질한다.

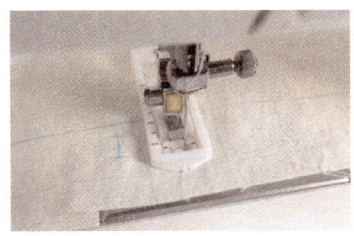

2-2

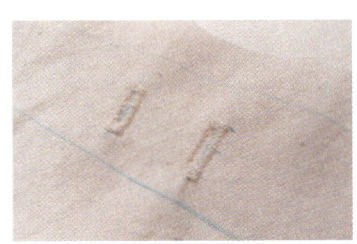

2-3

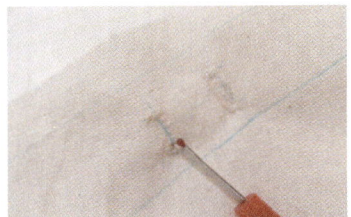

**2-4** 니퍼(실뜯개)로 구멍을 낸다.

2-5

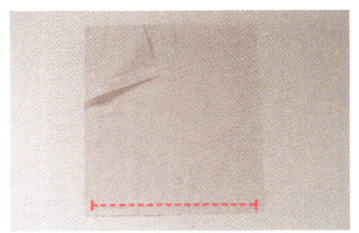

**3** 안감을 겉끼리 마주대고 밑단선을 박음질한다.(양쪽 1cm 시접 빼고 박음질한다.) 박음질한 다음 시접은 가름솔로 한다.

## 겉감과 안감 연결하기

**1 윗단 잇기** 겉감과 안감의 겉끼리 마주대고 윗선을 맞춰서 시접 1cm로 박음질한다.

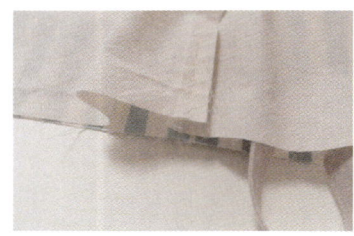

**1-1** 안감이 더 큰것이 맞다.

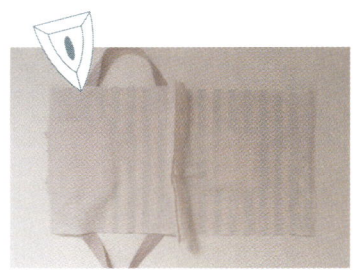

**1-2** 시접은 아래쪽으로(스트라이프 쪽으로) 내려 다림질한다.

**2 옆선 박음질하기** 가방끈은 시침핀으로 고정한다.

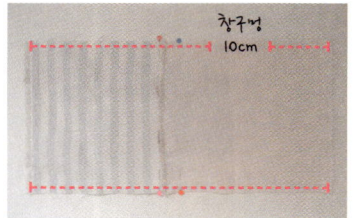

**2-1** 겉감은 겉감끼리 마주대고 안감은 안감끼리 마주대어 접는다. 창구멍(10cm)을 남기고 옆선을 시접 1cm로 박음질한다. 위아래 시접 1cm는 빼고 바느질한다.

## 바닥 만들기

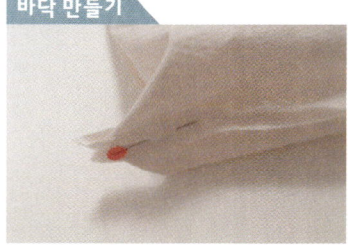

**1** 옆선과 바닥선을 마주 댄다.

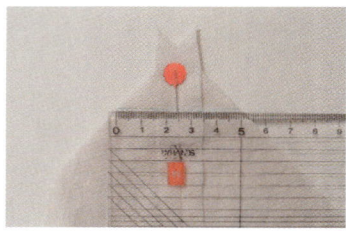

**2** 시침핀을 꽂고 5cm 위치에 선을 표시한다.(중심에서 양쪽으로 2.5cm씩 나가야 어긋나지 않는다.)

**3** 선을 따라 박음질한다.

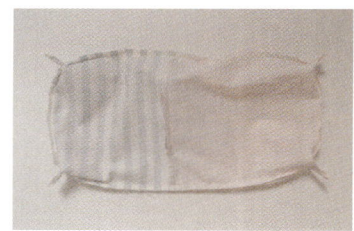

**3-1** 네 모서리 모두 바닥을 만든다.

## 뒤집기

**1** 창구멍으로 뒤집는다.

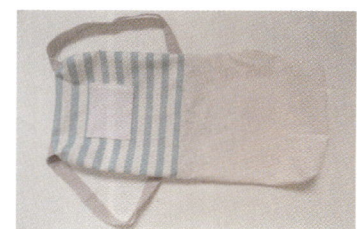

**1-1**

**1-2** 창구멍은 재봉하여 막는다.

**1-3**

### 안감을 겉감 안으로 넣기

**1** 겉에서 봤을 때 안감이 겉으로 나오는 만큼을 표시하고(2.5cm), 그 선을 기준으로 안감을 겉감 안쪽으로 접어 넣는다.

**2** 다림질한다.

### 터널 만들기

**1** 외노루발로 바꿔 박음질한다. 시접이 아래쪽으로 향해 있는지 확인하고 1~2mm로 상침한다.

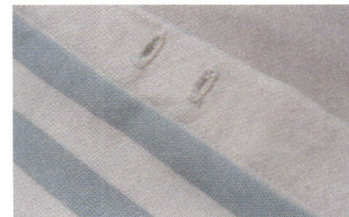

**1-1**

**1-2** 뚜껑이 있는 부분은 시접이 두꺼우므로 5mm 정도로 박음질한다.

### 끈 넣기

끈을 끼우는 도구나 옷핀을 이용해서 단춧구멍을 통해 끈을 터널 안으로 넣어 빼낸 후 끝부분을 각각 묶는다.

### 자석단추 달기

**1** 뚜껑과 몸판에 자석단추의 암수를 각각 달아준다. 벨크로를 달아도 좋다.

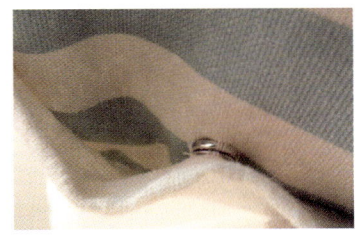

**2** 주머니와 몸판에 똑딱이 단추의 암수를 각각 단다.

finish

# 패브릭 파티션

how to make

방을 깨끗하고 예쁘게 꾸미고 싶은데 지저분한 것들이 너무 많죠?
그럴 때는 패브릭으로 가리개를 만들어보세요. 좋아하는 글귀나
그림을 넣으면 의미 있는 파티션이 되겠죠?
저는 제 이름을 딴 카페를 상상하며 'hyon's cafe'라는 수를 놓았습니다.

## 20 패브릭 파티션

- **완성사이즈**
  61×63cm

- **준비물**
  베이지 캔버스 면, 레드 체크 면, 광목, 감침판

- **재단하기**
  몸판 65×67 : 베이지 캔버스 면
  차양 앞판 63×17 : 레드 체크 면
  차양 뒤판 63×17 : 광목

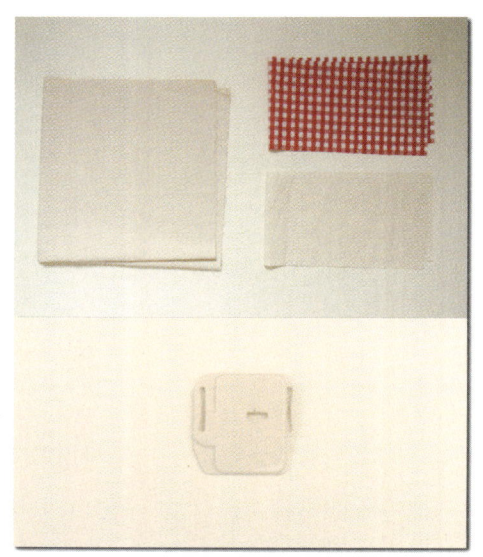

그림을 참고하여 원단의 안쪽에 완성선을 그린 후
표시된 만큼의 시접을 주고 재단하세요.
차양을 만들때 필요한 본은 부록에 실물 크기로 실렸습니다.
차양 만드는 방법대로 따라 만들어 보세요.

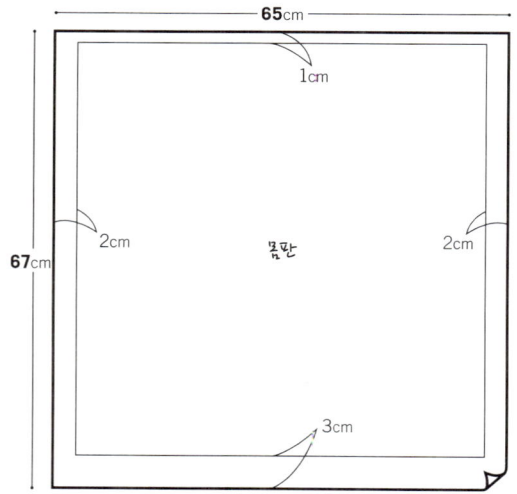

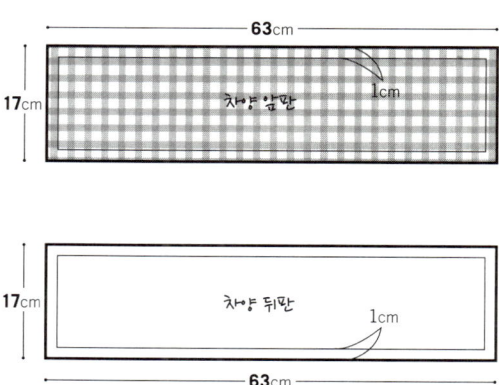

### 몸판 옆선 접어박기

**1** 몸판을 준비한다.

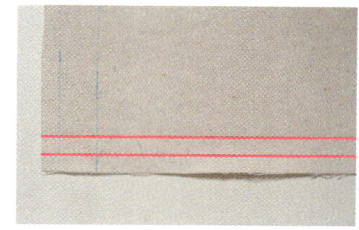

**2** 겉쪽에 1cm, 1cm 선을 그린다.

**3** 원단을 뒤집는다.

**3-1**

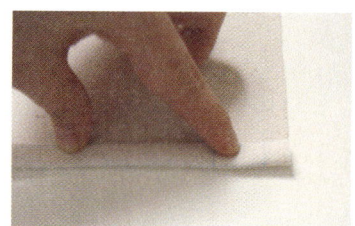

**4** 그린 선을 접는다. 1cm 접고 다시 1cm 접는다.

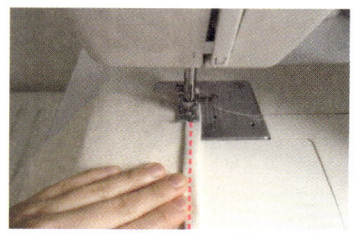

**5** 접은 선에서 1~2mm 정도 들어가서 박음질한다.

**5-1**

### 몸판 아래 선 접어박기

옆선을 1cm 접고 다시 2cm 접어서 박음질한다.

### 차양 만들기

**1** 차양 뒷판의 안쪽에 본을 대고 완성선을 그린다.(* 실물 크기의 본 – 부록 참조)

**2** 차양의 앞판과 뒷판을 겉끼리 마주댄다.

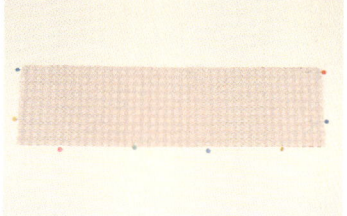

**3** 시침핀을 꽂아 고정한다.

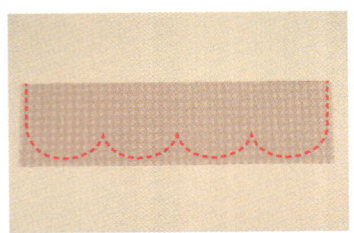

**4** 위쪽은 빼고 완성선을 따라 박음질한다.

**5** 곡선 부분의 시접 0.5cm 남겨두고 잘라낸다.

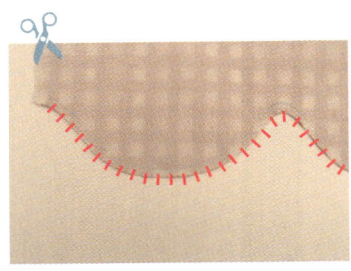

**6** 완성선에서 1~2mm 아래까지 곡선 부분에 가위집을 넣는다.

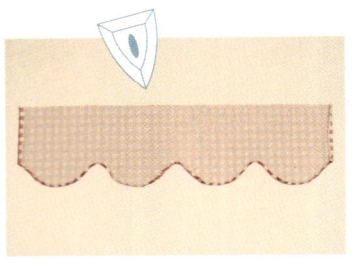

**7** 시접을 안쪽으로 접어 다림질한다.

**8** 뒤집어서 다림질한다.

### 몸판에 수놓기

**1** 몸판에 수성펜으로 밑그림을 그린다. (*실물 크기의 자수 도안 – 부록 참조)

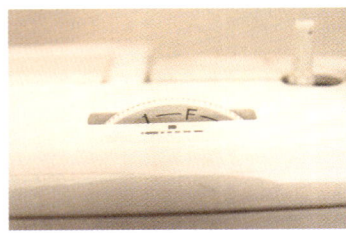

**2** 윗실 밑실을 검정실로 바꾸고 컵과 말풍선 수를 놓는다.

**2-1** 바느질 패턴을 지그재그로 맞추고 땀 길이를 1~F 사이로 맞춘다. 원단을 돌려가면서 수를 놓는다.

**2-2**

**2-3**

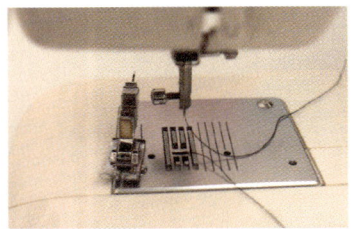

**3** 글씨 수놓기(노루발 없이 수놓기) 노루발을 빼고 감침판을 침판 위에 끼운다.

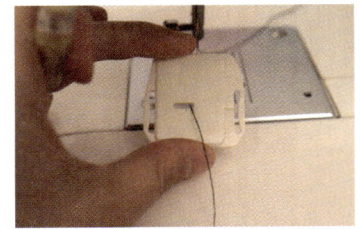

**3-1** 밑실은 구멍사이로 뺀다.

**3-2** 원단에 수틀을 끼고 해도 되고 그냥 해도 된다.(얇은 원단인 경우에는 원단이 움직이지 않도록 원단에 수틀을 끼고 하는 것이 좋다.)

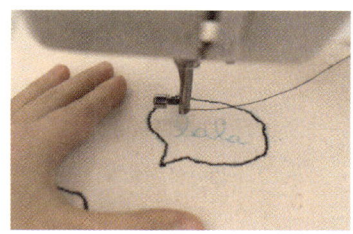

**4** 자수할 부분을 바늘 아래쪽에 놓고 노루발을 내린다.

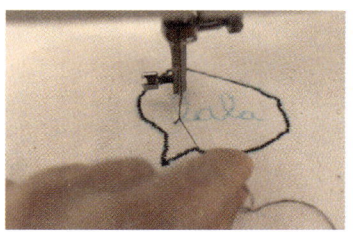

**5** 풀리를 돌려 밑실을 뽑아 올려 윗실과 밑실을 함께 잡는다.

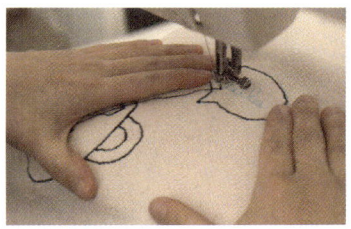

**6** 발판을 살살 누르면서 박음질 속도를 느리고 일정하게 하여 원단을 움직이며 밑그림을 따라 바느질을 한다. 원단을 한 방향으로 두고 상하좌우만 움직여서 바느질을 한다.

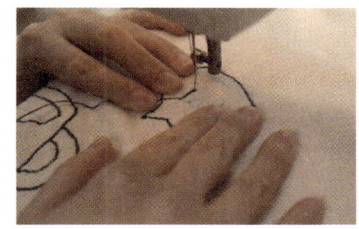

**6-1**

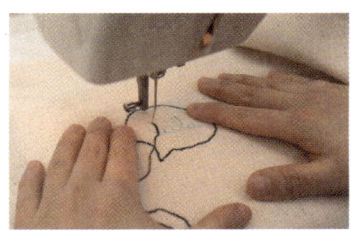

**6-2**

**6-3** 끝낼 때는 수놓은 선 쪽에 직선박기로 몇 땀 정도 되돌아박기하면 마무리할 수 있다.

**7 커피 수놓기** ②번처럼 노루발을 끼우고 수를 놓아 커피부분을 매운다.

### 차양과 몸판 연결하기

**1** 몸판의 안쪽과 차양의 겉을 마주 대고 윗선을 시접 1cm로 박음질한다.

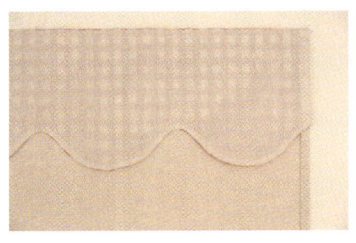

**2** 오버로크 또는 지그재그로 끝단을 정리한다.

**3** 차양을 겉쪽으로 뒤집어 다림질한다.

Eco Bag

# 에코백
*how to make*

아름다운 지구를 위한 작은 한걸음! 장 보러 갈 때 들고 다닐 수 있는 에코백입니다.
그래서 가방에 '원스텝(1 Step)'이라는 단어를 바이어스로 장식했어요.
깔끔하게 블랙과 화이트, 두 가지 색상만 사용했습니다.

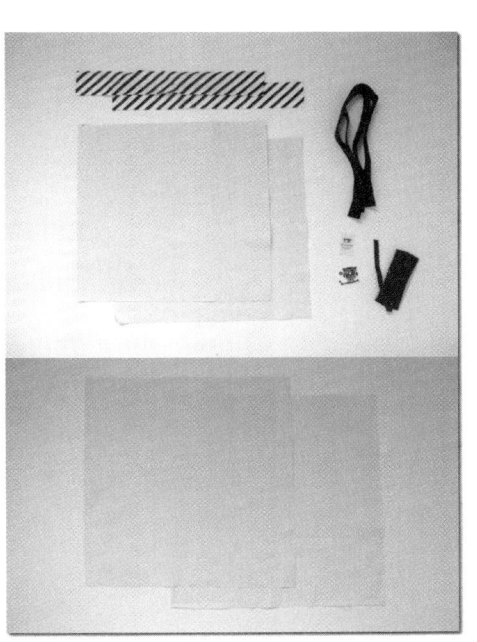

### 완성사이즈
40×42cm

### 준비물
스트라이프 면, 아이보리 캔버스 면, 광목,
검정색 웨빙 끈 60cm 2개, 검정색 바이어스, 라벨

### 재단하기
**겉감 위** 42×6 2장 : 스트라이프 면
**겉감 아래** 42×40 2장 : 베이지 캔버스 면
**안감** 42×44 2장 : 광목

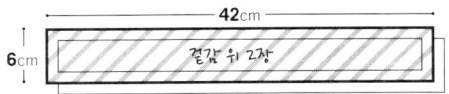

그림을 참고하여 원단의 안쪽에 완성선을
그려 재단하세요.
사방에 시접은 1cm입니다.

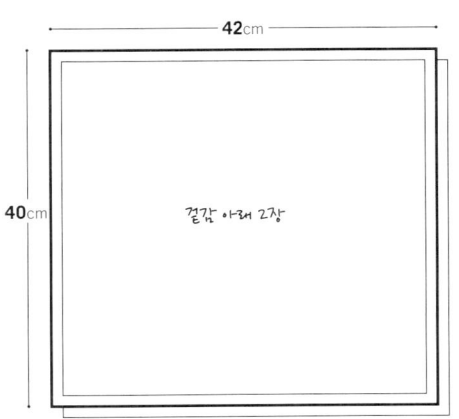

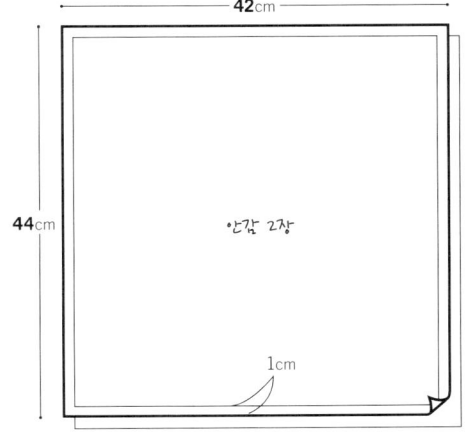

how to

### 겉감 연결하기

**1** 겉끼리 마주대고 시접 1cm로 박음질한다. 겉감 두 장 모두 박음질한다.

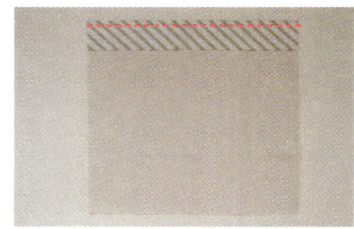

**1-1**

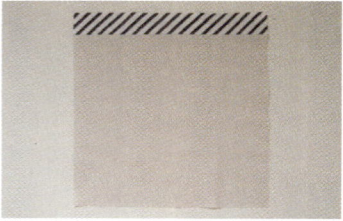

**2** 시접은 아래로 내리고 겉쪽에서 상침한다.

**2-1**

### 겉감에 바이어스로 장식하기

**1** 겉감 중 한 장에 바이어스로 장식하는데 원단용 수성펜으로 테두리 선을 표시하고 가운데 부분에 '1 step'이라고 쓴다.

**2** 글씨를 따라 바이어스를 핀으로 꽂는다.

**3** 테두리를 먼저 박음질한다.(시접 선에서 4cm 안쪽으로 들어와서 박음질한다.)

**3-1**

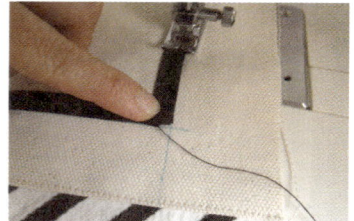

**3-2** 바이어스의 양쪽 변 모두 박음질하고 테두리가 끝날 때는 접어서 마무리한다.

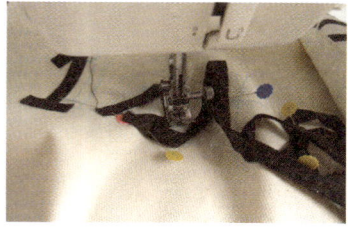

**3-3** 글씨부분은 선을 따라 바이어스를 박음질한다.(뒷면 참고)

**3-4**

**3-5** 뒷면의 모습

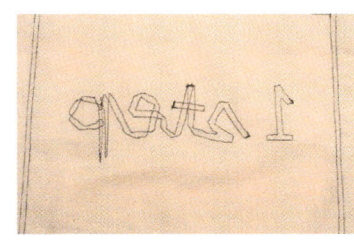

**3-6**

### 겉감 라벨 달기

부엉이 모양을 따라 자른 원단은 지그재그로 달고 라벨은 직선박음질로 단다.

### 겉감의 앞판과 뒷판 연결하기

**1** 겉감의 겉끼리 마주대고 입구를 제외한 세 변을 시접 1cm로 박음질한다.

**1-1**

### 가방 끈 겉감에 고정하기

사진과 같이 끈을 몸판 쪽에 대고 시접에 고정한다. 반대편도 똑같이 한다.

### 안감만들기

**1** 안감의 겉끼리 마주대고 입구를 제외한 세 변을 시접 1cm로 박음질하되 왼쪽에 창구멍을 10cm 정도 남긴다.

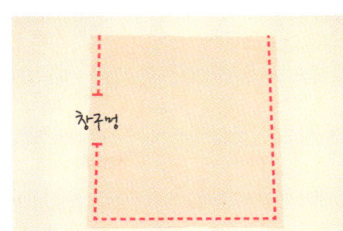

**1-1**

### 겉감과 안감 연결하기

**1** 안감 안에 겉감을 집어넣는다.(겉끼리 마주보도록 한다.)

**1-1**

**1-2**

**1-3**

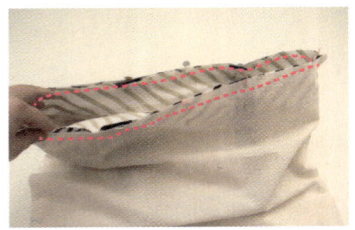

**2** 가방의 입구부분을 시접 1cm로 박음질한다.

**2-1**

**3** 안감의 창구멍을 통해 뒤집는다.

**3-1**

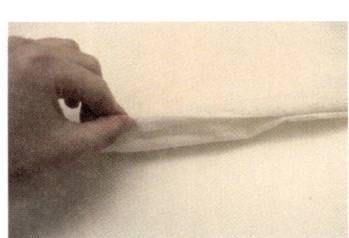

**3-2**

**4** 창구멍을 막는다. 시접을 잘 접어 다린 후 창구멍의 1~2mm 안쪽에 박음질한다.

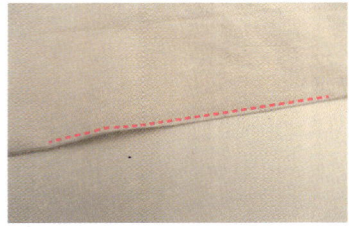

**4-1**

**5** 안감을 겉감 안쪽으로 집어 넣는다.(안끼리 마주보도록.)

**6** 입구 쪽을 잘 다림질 한 뒤 1~2mm로 상침한다.

finish

## 원단 사선 방향으로 사용하는 방법

보통 끝을 감싸는 용도의 바이어스를 재단할 때 원단을 45도 방향으로 잘라 사용합니다. 체크원단이나 스트라이프 원단 등을 바이어스 방향으로 재단해서 사용하면 색다른 느낌을 낼 수 있습니다. 사선 방향이 잘 늘어나는 방향이기 때문에 뒤쪽에 심지를 붙여서 사용해도 좋습니다.

# 달님이에게 숄더백

how to make

레드 라인이 들어간 린넨으로 양면 숄더백을 만들었어요.
어떤 스타일로 만들까 고민하다가 몇 년 전 하늘나라로 간 우리집 강아지 '달님이'에게 편지를 썼지요.
여러분도 뒷면에다가 소중한 이를 생각하며 정성스럽게 수를 놓아보세요.

## 완성사이즈
56×44×7cm

## 준비물
레드 스트라이프 린넨, 베이직 무지 린넨,
광목, 레드 도트 린넨, 라벨들, 검정색 자수실

## 재단하기
**겉감 몸판** 48×66 2장 : 레드 스트라이프 린넨
**겉감 옆판** 110×9 : 베이직 무지 린넨
**안감 몸판 위** 45×32 2장 : 광목
**안감 몸판 아래** 48×36 2장 : 레드 도트 린넨
**안감 옆판 아래** 99×9 : 레드 도트 린넨
**안감 옆판 위** 7.5×9 2장 : 광목
**안감 주머니** 29×30 : 레드 도트 린넨

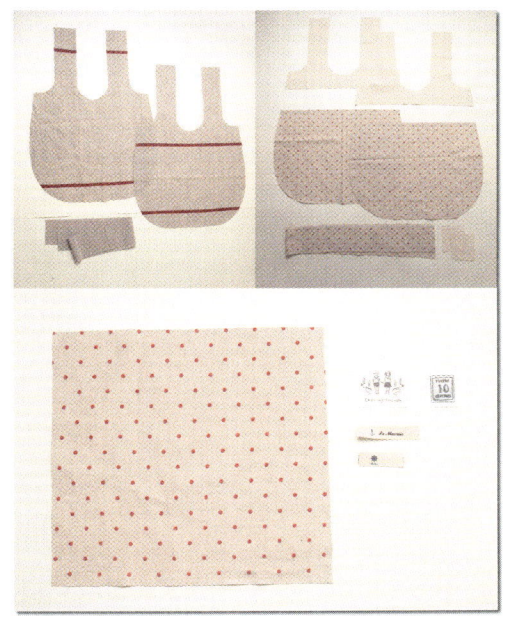

부록에 있는 실물 크기의 본을 이용해 원단의 안쪽 면에 완성선을 그린 뒤
사방에 시접을 1cm씩 주어 재단하세요.
본에 있는 너치를 표시하고, 접착솜에는 시접을 주지 않습니다.

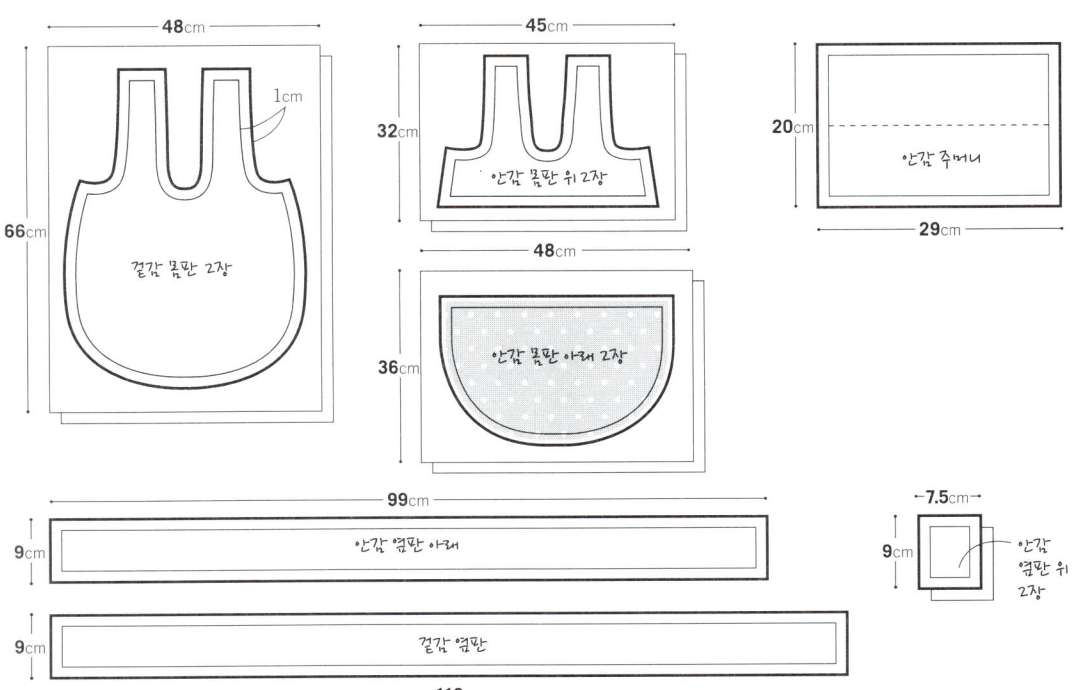

how to

### 너치 표시하기

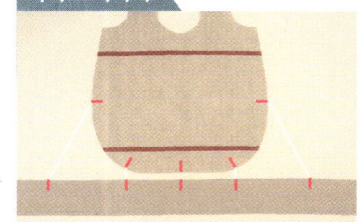

**1** 본에 있는 너치를 원단에 표시한다. (*실물 크기의 본 – 부록 참조) 너치(notch)는 원단과 원단이 맞닿는 봉재를 할 때 혹은 어긋나거나 길이를 넘어서지 않도록 하기 위해 양쪽 원단에 같은 위치를 표시해 주는 것이다.

**1-1**

### 겉감 만들기

**1** 겉감 몸판 중 한 장에 수를 놓고 라벨을 단다.
(*실물 크기의 자수 도안 – 부록 참조)

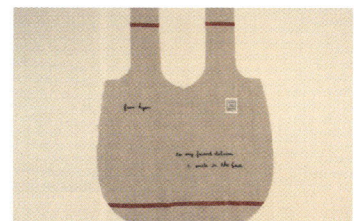

**1-1**

**2** 다른 겉감 몸판 중앙에 라벨을 단다.

**3** 몸판과 옆판을 잇는다. 겉끼리 마주대고 너치에 맞춰 핀을 꽂고 박음질한다. 반대쪽 몸판도 똑같이 한다. 시접은 옆판 쪽으로 다림질한다.

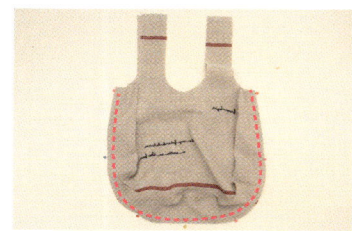

**3-1**

### 안감 몸판 만들기

안감 몸판 위와 아래를 연결한다. 겉끼리 마주대고 시접 1cm로 박음질하고 시접은 아랫방향으로 내려 상침한다.

### 안감 옆판 만들기

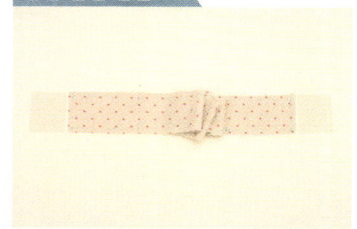

**1** 안감 옆판 아래를 가운데 두고 양 옆으로 안감 옆판 위를 연결한다. 겉끼리 마주대고 시접 1cm로 박음질하고 시접은 가운데 쪽으로 한 뒤 상침한다.

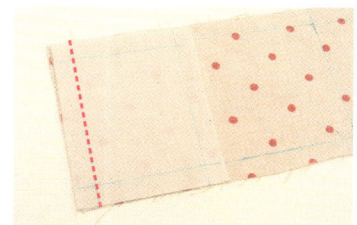

**1-1**

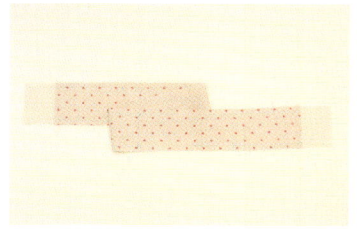

**1-2**

### 안감 몸판에 주머니 만들기

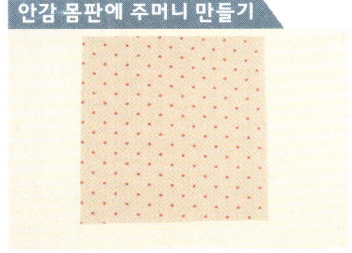

**1** 주머니용 원단은 겉끼리 마주보게 반으로 접는다.

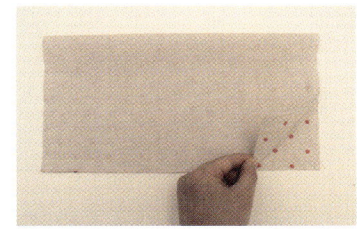

**1-1**

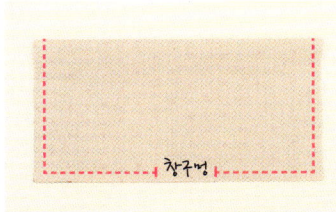

**2** 창구멍을 남기고 박음질한다.

**3** 시접을 안쪽으로 접어 다림질한 후 뒤집는다.

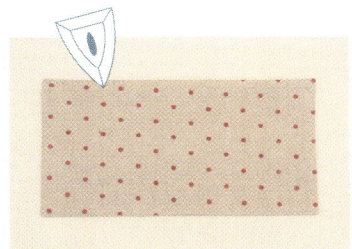

**4** 다시 한 번 앞면을 다림질한다.

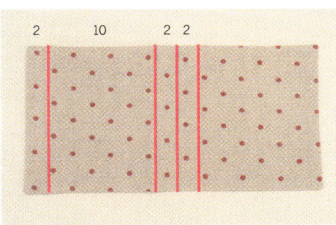

**5** 사진처럼 수성펜으로 선을 그린다.

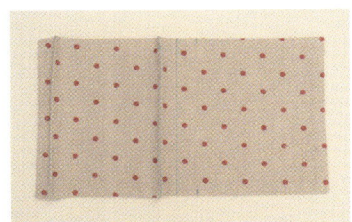

**6** 왼쪽에서 첫번째 선과 두번째 선을 각각 접어 1~2mm로 박음질한다.

**6-1**

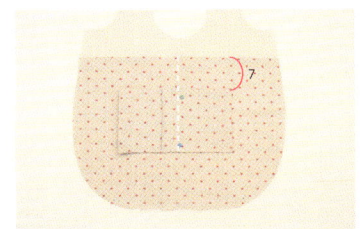

**7** 네 번째 선이 주머니가 완성되었을 때 중심이 되므로 몸판의 중심에 네 번째 선을 맞추고 위에서 7cm 떨어진 자리에 위치시킨다.

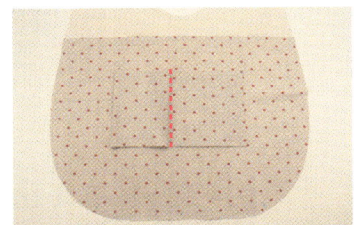

**8** 세 번째 선을 박음질한다.

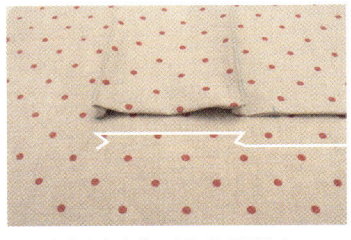

**8-1** 사진처럼 접히는 것을 잘 확인한다.

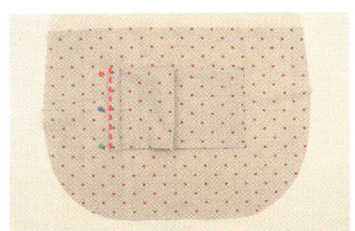

**9** 왼쪽 옆선을 1~2mm로 박음질한다.

**10** 오른쪽 옆선에 라벨을 끼운다.

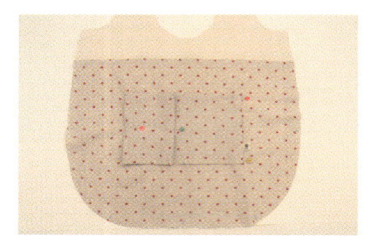

**10-1**

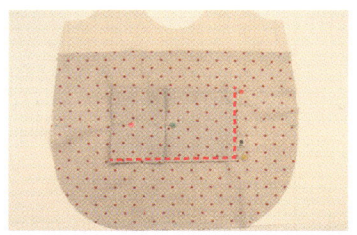

**11** 사진처럼 주머니 밑선과 오른쪽 옆선을 1~2mm로 박음질한다.

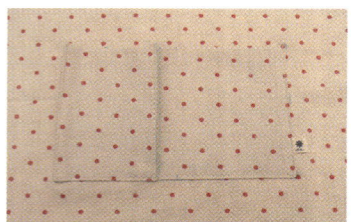

**11-1**

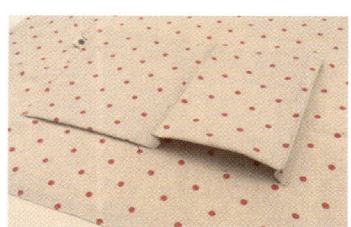

**11-2** 주머니 완성. 이 주머니는 쓰임새가 좋은 반면 만드는 과정은 간단하지 않다. 이 방법이 어려렵다면 단순한 주머니를 달아도 괜찮다.

### 안감 몸판 다른쪽 라벨 달기

안감 몸판 나머지 판에 라벨을 달아준다.

### 안감 몸판과 옆판 연결하기

안감의 몸판과 옆판을 잇는다. 겉끼리 마주대고 너치에 맞춰 핀을 꽂고 박음질한다. 반대쪽 몸판도 똑같이 한다. 시접은 몸판 쪽으로 다림질한다.

### 겉감과 안감 연결하기

**1** 겉감과 안감을 겉끼리 마주보게 한 뒤 안감에 겉감을 집어넣는다.

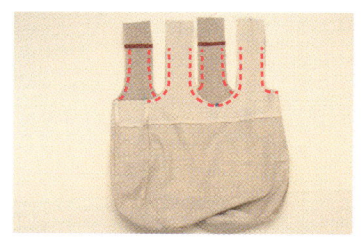

**2** 옆 판쪽에 창구멍을 남기고 사진처럼 박음질한다.

**3** 완성선에서 1~2mm 바깥쪽까지 곡선에 가위집을 넣는다.

**4** 뒤집는다.

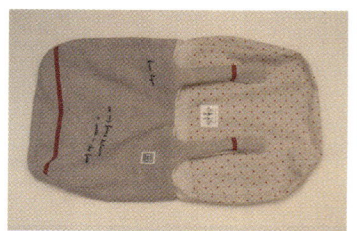

**4-1**

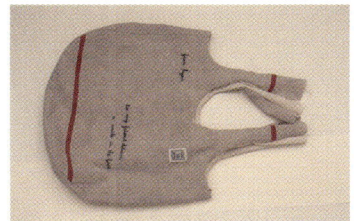

**4-2** 안감을 겉감의 안쪽으로 넣어준다.

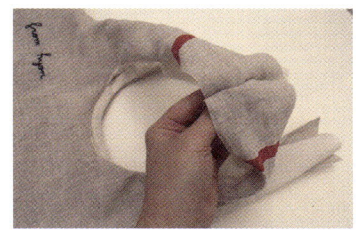

**5** 끈을 연결하는데 사진처럼 같은 판의 어깨끈 원단을 겉끼리 마주보도록 하여 시접 1cm로 박음질한다. 나머지 세 군데 어깨끈도 똑같이 한다.

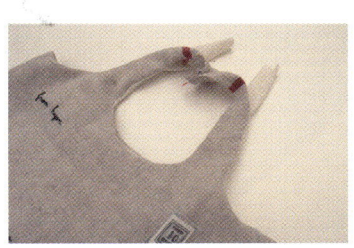

**5-1**

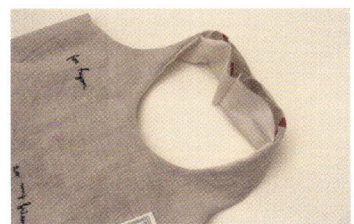

**5-2**

**6** 어깨끈의 시접을 안쪽으로 접어 다림질한다. 창구멍의 시접도 안쪽으로 접어 다림질하고 전체적으로 다림질을 한다.

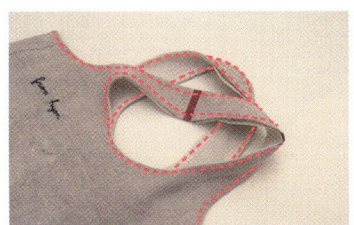

**7** 테두리선을 전체적으로 상침하면서 끈이 완성되도록 한다. 창구멍도 막는다.

**7-1**

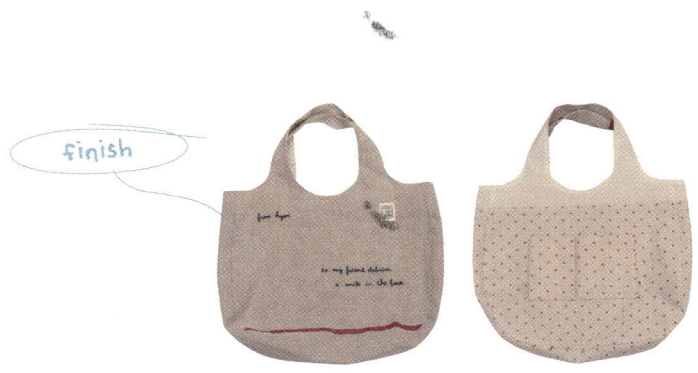

finish

## 슬리브리스 원피스 파자마

*how to make*

여름에 입기 좋은 슬리브리스 원피스 파자마입니다.

스트라이프 원단과 화이트 원단을 사용해서 시원한 느낌을 담았고
우드 소재 단추로 내추럴한 감성을 더했습니다.

## 슬리브리스 원피스 파자마

- **완성사이즈**
  M 45cm(상단부 가슴단면)×90cm(총장)
  L 47cm(상단부 가슴단면)×91cm(총장)

- **준비물**
  스트라이프 면, 화이트 면, 라벨, 단추 2개,
  화이트 바이어스 약 200cm

- **재단하기**
  상단 앞판 31×34 2장 : 스트라이프 면
  상단 뒤판 52×33 : 스트라이프 면
  하단 80×65 2장 : 화이트 면

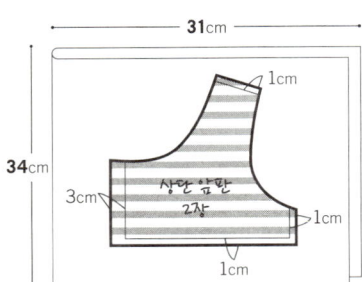

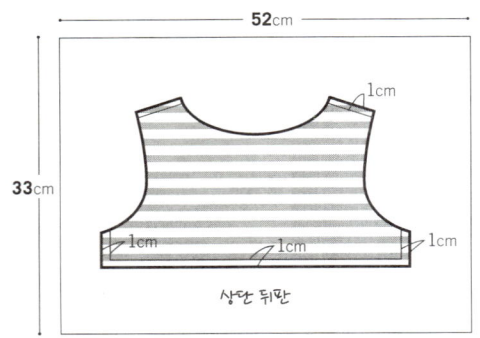

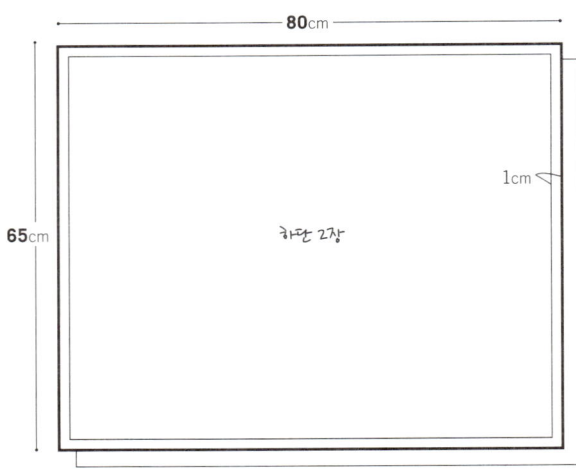

상단앞판은 2장을 재단하는데 한장을 똑바로
다른 한 장은 수평반전시켜서 재단하세요.
부록에 있는 실물 크기의 본을 이용해 원단의 안쪽 편에 완성선을
그리고 각 그림에 표시되어 있는 시접을 두고 재단하세요.
L사이즈를 기준으로 했습니다.

how to

**상단 만들기**

**1** 상단 앞판과 뒤판을 겉끼리 마주대고 어깨부분과 옆선을 시접 1cm로 박음질한다.

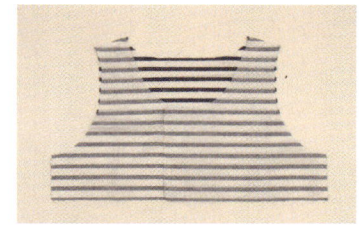

**2** 연결한 부분과 앞판 중앙부를 오버로크 또는 지그재그 처리한다. 어깨와 옆선 시접은 뒤쪽으로 보낸다.

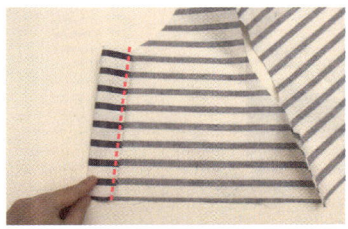

**3** 앞판의 여밈 부분을 3cm 접어 양쪽 모두 박음질한다.

3-1

**4** 사진에서 봤을 때 왼쪽 앞판에 단춧구멍 위치를 표시한 뒤 단춧구멍을 낸다.(*147쪽 단춧구멍 방법 참조)

4-1

**5** 라벨을 뒷판 중앙에 고정시킨다. 라벨 아랫부분을 접어박기한 후 윗부분을 뒤판 시접 사이에 고정시킨다.

**6** 네크라인을 바이어스로 감싼다.(*199쪽 참조) 네크라인은 왼쪽판 안에서 몸판을 바이어스로 감싸 접어 시작한다.

6-1

6-2

**6-3** 안쪽이 보이도록 뒤집는다.

**6-4** 바이어스를 펴 올린다.

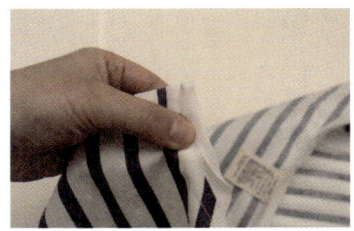

**6-5** 접어서 박음질한다.

**6-6**

**tip** 암홀 부분은 아랫쪽, 옆선 시접 조금 뒤에서 접어서 시작한다. 시접이 겹치지 않도록 옆선 시접을 조금 피해서 시작한다.

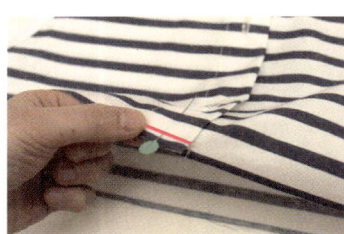

**7** 여밈 부분을 겹쳐 고정시킨다.(아래 시접부분에 박음질을 해서 고정시킨다.) 단추구멍 뚫은 쪽을 위쪽으로 올려 겹친다. 아랫쪽 판의 박음질한 선이 살짝 가려지도록 겹친다.

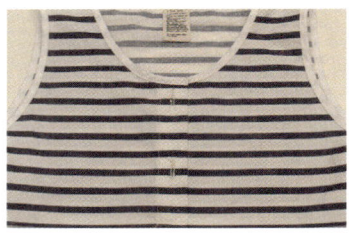

**7-1**

### 하단 만들기

**1** 하단의 앞판 뒤판을 겉끼리 마주대고 옆선을 시접 1cm로 박음질한다.

**1-1** 옆선 시접을 오버로크 또는 지그재그 처리한다.(두 장을 한꺼번에 한다.)

**2** 밑단은 0.5cm 접고 다시 0.5cm 접어서 박음질한다.(옆선 시접은 앞판 쪽으로 보낸다.)

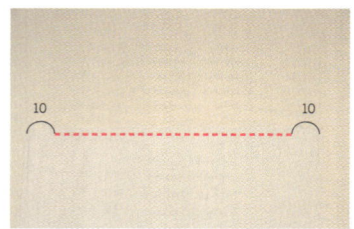

**3** 앞판 윗단의 시접 사이를 홈질한다. (손바느질, 땀 간격은 5mm 정도) 끝은 매듭짓지 않고 둔다.

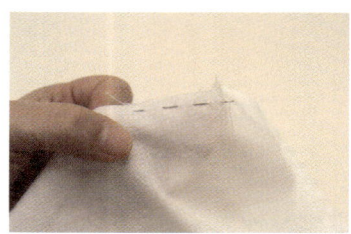

**3-1**

**4** 뒤판도 똑같이 시접 사이를 홈질한다.

## 상단과 하단 잇기

**1** 상단과 하단을 겉끼리 마주 댄다. 하단 안에 상단을 집어넣고 끝을 맞춘다.

**1-1**

**2** 옆선을 맞춰 시침핀을 꽂는다.

**3** 하단의 홈질한 실을 당겨 상단의 밑단과 사이즈가 같도록 조절한다. 주름을 골고루 잡아가며 시침핀을 꽂는다. 뒷판도 똑같이 한다.

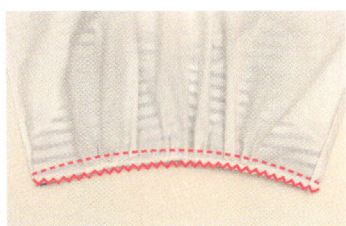

**4** 상단과 하단 두 겹을 시접 1cm로 주름을 조절하면서 박음질한다. 두 겹을 함께 오버로크 또는 지그재그 처리한다.

**5** 뒤집어 펼친다.

**6** 시접은 위쪽으로 보낸 후 겉에서 상침한다.

**7** 단추를 단다.

**7-1**

finish

# 카메라 케이스
*how to make*

내 카메라를 부탁해~. 누구나 하나쯤 가지고 있는 디지털 카메라.
카메라를 안전하게 가지고 다닐 수 있도록 솜을 한 겹 덧대어 케이스를 만들었습니다.
크로스로 메면 카메라를 넣고 꺼내기 편리하지요.

## 완성사이즈
가로 8×세로 12×폭 4cm

## 준비물
브라운 컬러 인조 가죽, 네이비 스트라이프 면,
베이직 무지 린넨, 그레이 마린 프린트 면,
4온스 비접착솜, 가시도트 알, 가시도트 기구,
리벳 알, 리벳 기구, 라벨

## 재단하기
**뚜껑** 10×10 2장 : 브라운 컬러 인조 가죽
**겉감 몸판** 10×14 2장 : 네이비 스트라이프 면
**겉감 옆판** 34×6 : 베이직 무지 린넨
**끈** 112×6 : 베이직 무지 린넨
**안감 몸판** 10×14 2장 : 그레이 마린 프린트 면
**안감 옆판** 34×6 : 그레이 마린 프린트 면
**겉감 몸판 비접착솜** 12×16 2장 : 4온스 비접착 솜
**겉감 옆판 비접착솜** 36×8 : 4온스 비접착 솜

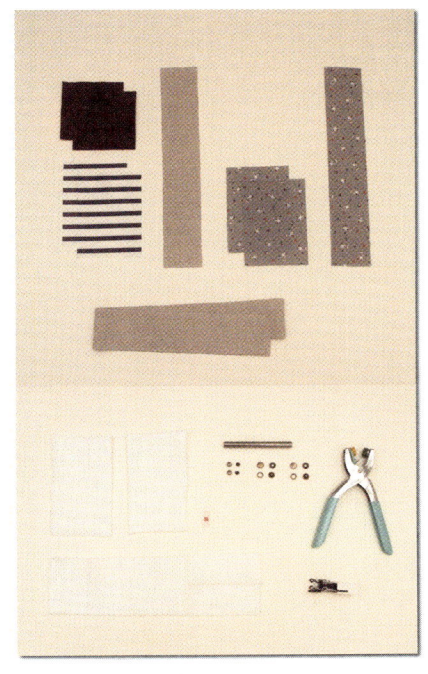

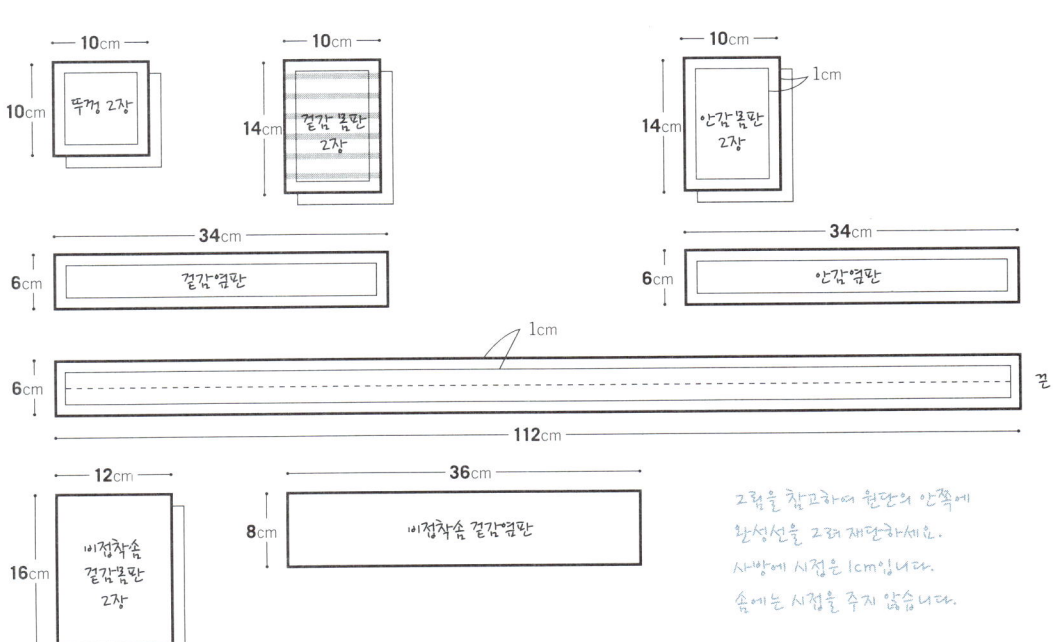

그림을 참고하여 원단의 안쪽에
완성선을 그려 재단하세요.
사방에 시접은 1cm입니다.
솜에는 시접을 주지 않습니다.

how to

### 겉감 만들기

**1** 겉감 중 한쪽에 라벨을 단다.

**2** 비접착솜의 중앙에 원단을 놓고 시침핀을 중간 중간 꽂아 고정한다.

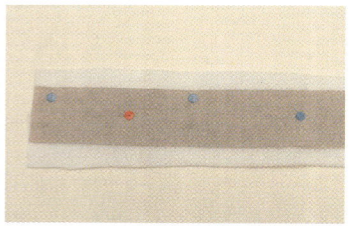

**2-1**

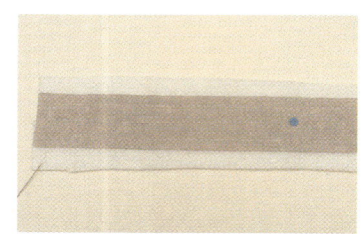

**2-2** 시침질로 고정한 후에 원단 밖으로 삐져나온 솜은 자른다. (면이 큰 경우에는 좀 더 꼼꼼한 시침질이 필요하다.)

**2-3**

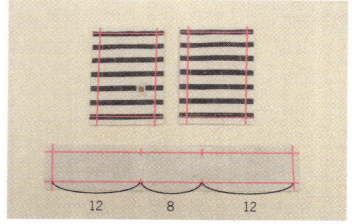

**3** 겉감의 앞·뒤판에 직각점과 시접을 표시한다. 몸판에는 겉쪽에, 옆판에는 안쪽에 표시한다.

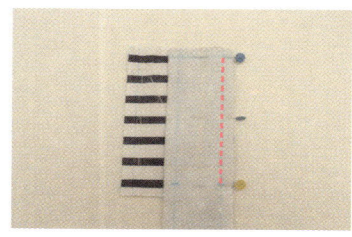

**4** 옆판과 앞판을 마주대어 표시점에 시침핀을 꽂는다.

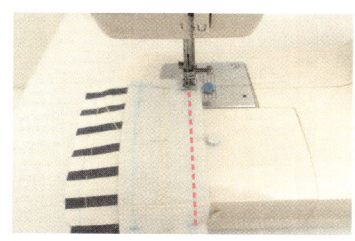

**4-1** 시접은 빼고 직각 표시점까지 박음질한다. (표시점에 바늘을 꽂아둔다.)

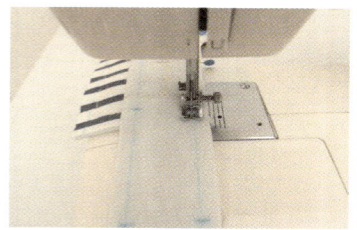

**4-2**

**4-3** 노루발을 들고 시침핀을 뺀 다음 완성선에서 2~3mm 떨어진 지점까지 가위집을 넣는다.

**4-4** 원단을 90도 회전시킨다.

**4-5** 옆판 원단 역시 다음 면에 맞춰 90도로 꺾는다.

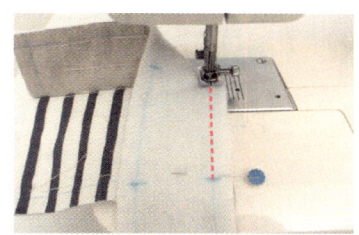

**4-6** 다음 직각 위치에 시침핀을 꽂고 노루발을 내리고 박음질한다. 이렇게 다음 직각도 반복한다. 끝날 때도 시접을 빼고 완성선까지만 박음질한다. (시접을 박음질하지 않는 이유는 상단부 솜을 잘라 내야하기 때문이다.)

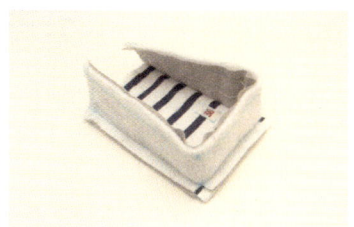

**4-7**

**5** 옆판에 뒷판을 연결한다.

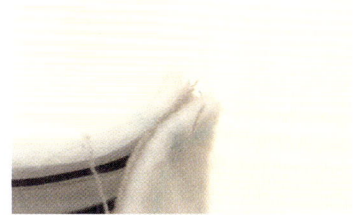

**6** 시접 부분에 여러 겹 겹쳐있는 솜을 잘라준다.

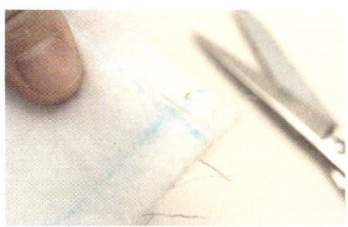

**6-1** 박음질 선이 한쪽에선 보이고 한쪽에선 보이지 않는데 보이는 쪽에서 자른다.

**6-2** 보이지 않는 쪽

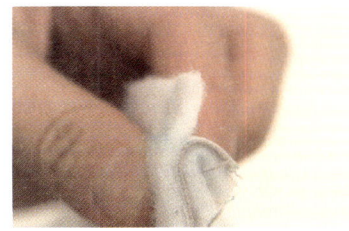

**6-3** 솜을 제외한 다른 시접은 뒤로 젖혀 손으로 잡고 박음질 선에서 1~2mm 떨어져 솜을 자른다.

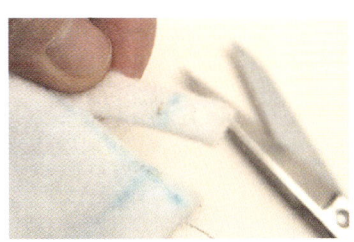

**6-4**

**6-5** 옆판 뒷판 솜 시접을 모두 같은 방법으로 자른다.

**6-6** 시접을 다 잘라내고 뒤집은 모습

### 뚜껑 만들고 겉감에 뚜껑 고정하기

*워킹풋 노루발은 원단이나 솜을 대고 누비거나 여러 겹을 박음질할 때 원단이 밀리지 않도록 노루발에도 톱니가 달려있다. 가죽의 밀리는 현상 때문에 워킹풋 노루발을 이용했다.

**1** 노루발 거치대의 나사를 풀고 일반 노루발을 뺀다.

**1-1**

**1-2** 워킹풋 노루발을 노루발 거치대에 끼우고 바늘고정나사에 걸친 후 나사를 조인다.

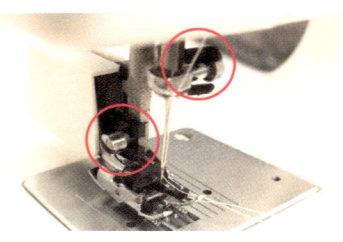

**1-3**

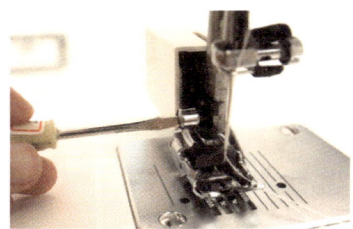

**1-4**

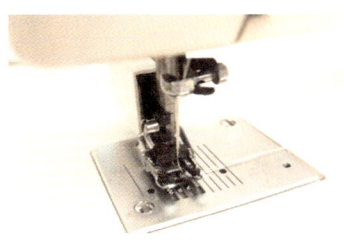

**1-5**

**2** 원단 안쪽에 사진과 같이 표시한다.(한쪽에만 하면 된다.) 둥글게 굴린 부분은 모양자를 이용해도 되고 음료 뚜껑이나 동전을 이용해 그려도 된다.

**3** 진한 색 실로 바꾼 후 겉끼리 마주대고 박음질한다.

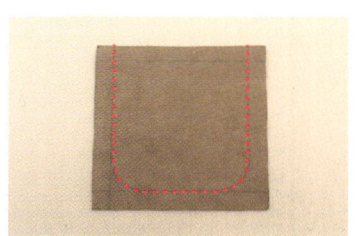

**3-1**

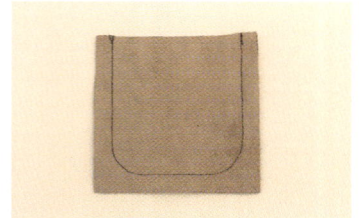

**3-2**

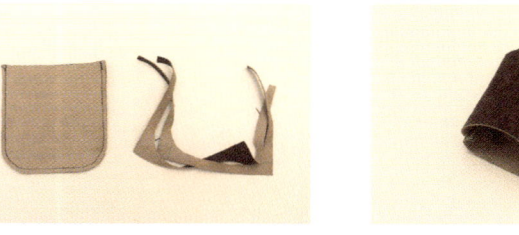

**4** 시접을 3mm 정도 남기고 자른다.

**5** 뒤집는다.

**6** 테두리선에서 1~2mm 들어간 곳을 상침한다.

**7** 겉감 뒷판의 상단 시접에 시침질로 고정한다.

**7-1**

## 안감 만들기

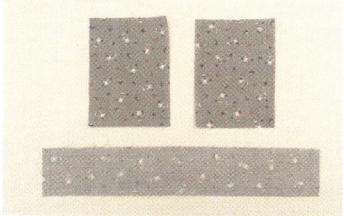

**1** 안감의 옆판과 앞·뒤판에 직각점과 시접선을 표시한다. 몸판에는 겉쪽에, 옆판에는 안쪽, 겉쪽에 모두 표시한다.

**2** 옆판에 앞판·뒤판을 연결한다.(겉감과 똑같이 하면 된다.)

## 겉감과 안감 연결하기

**1** 겉감과 안감의 겉끼리 마주대고 박음질한다.

**1-1** 겉감을 안감 안에 집어넣은 뒤 창구멍을 남기고 박음질한다.

**1-2**

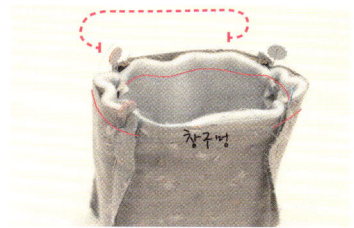

**1-3** 창구멍은 앞쪽(뚜껑이 달리지 않은 쪽)에 남긴다.

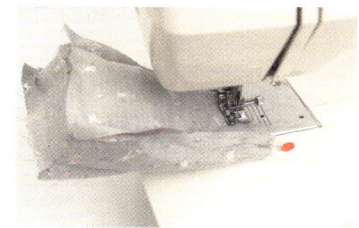

**1-4**

**1-5**

**2** 윗단의 시접 솜을 잘라낸다.

**3** 창구멍을 통해 뒤집는다.

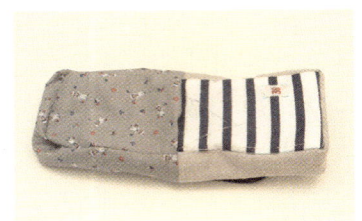

**3-1**

**3-2** 안감을 겉감 안쪽으로 집어넣는다.

**4** 시침실 사이사이를 잘라서 시침실을 빼낸다.

**5** 시접을 잘 접어 넣고 공그르기로 창구멍을 막는다.

**6** 윗단의 앞부분에 빨간색 자수실로 러닝 스티치를 한다. 솜과 안감까지 같이 떠서 수놓는다.

### 가시도트 달기

(*80~81쪽 가시도트 다는 방법 참조)

### 끈 만들어 달기

(*77쪽 크로스백 끈 만들기 참조)

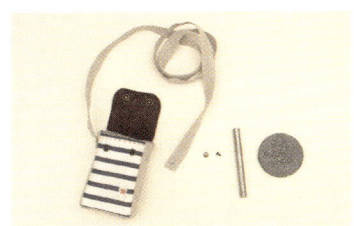

**1** 리벳으로 끈과 몸판을 고정한다. 안감을 안쪽으로 잘 접어 넣고 리벳을 단다.(리벳이 없을 때는 크로스백에서처럼 박음질로 달아도 좋다.)

**1-1** 끈과 몸판에 리벳이 달릴 곳을 十자로 표시한다.

**1-2**

**1-3** 끈과 몸판을 송곳으로 뚫는다.

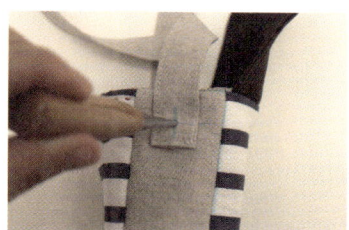

**1-4**

**1-5** 몸판 안쪽에 리벳 아랫부분을 끼운다. 그 위에 끈도 끼운다.

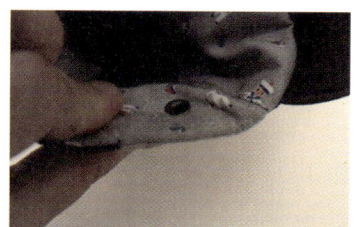

**1-6**

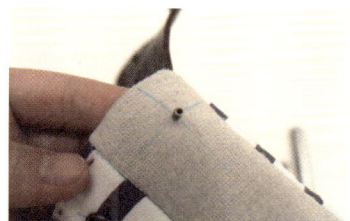

**1-7**

**1-8**

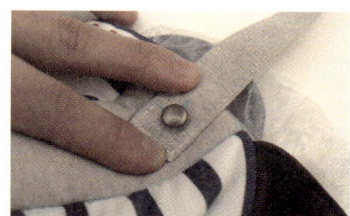

**1-9** 위쪽에 뚜껑을 덮는다.

**1-10** 리벳스틱을 뚜껑위에 댄다.

**1-11** 스틱을 잡은 상태에서 스틱 위쪽을 망치로 두드린다. 반대쪽도 똑같이 한다.

**1-12**

finish

## 사각 파우치

how to make

바느질하는 친구에게 선물하려고 만든 사각 파우치.

플랫 파우치보다 살짝 까다롭지만 볼륨감이 있어 여러 가지 물건을 넣을 수 있어요.
한 면은 라벨을, 다른 면은 아이스크림을 달아 다른 분위기를 연출했습니다.

## 25 사각 파우치

- **완성사이즈**
  12.5×12.5×7cm

- **준비물**
  블루 도트 면, 베이직 무지 린넨,
  레드 스트라이프 면, 광목, 핑크 스트라이프 면,
  퀼팅솜, 홈패션용 롤지퍼 16cm, 지퍼고리 1개,
  라벨, 레이스, 단추, 아이스크림 만들 원단 조금

- **재단하기**
  **겉감 앞판 A** 14.5×5 : 블루 도트 면
  **겉감 앞판 B** 14.5×7.5 : 베이직 무지 린넨
  **겉감 앞판 C** 14.5×6 : 레드 스트라이프 면
  **겉감 뒤판** 14.5×14.5 : 광목
  **겉감 옆판 위** 27×5.1 2장 : 베이직 무지 린넨
  **겉감 옆판 아래** 27×9 : 베이직 무지 린넨
  **손잡이 고리** 7×7 2장 : 광목
  **안감 몸판** 14.5×14.5 2장 : 핑크 스트라이프 면
  **안감 옆판 위** 27×5.1 2장 : 핑크 스트라이프 면
  **안감 옆판 아래** 27×9 : 핑크 스트라이프 면
  **겉감 몸판 퀼팅솜** 12.5×12.5 2장 : 4온스 접착솜
  **겉감 옆판 위 퀼팅솜** 25×3.1 2장 : 4온스 접착솜
  **겉감 옆판 아래 퀼팅솜** 25×7 : 4온스 접착솜
  **아이스크림** 5×4 5×6 5×8 : 자투리 원단

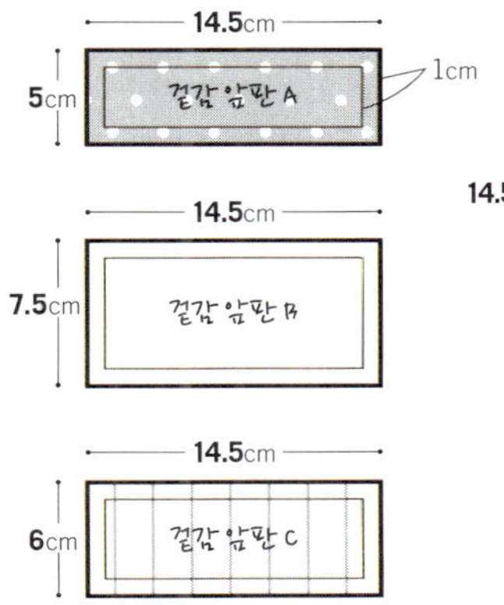
14.5cm
5cm
겉감 앞판 A
1cm
14.5cm
7.5cm
겉감 앞판 B
14.5cm
6cm
겉감 앞판 C

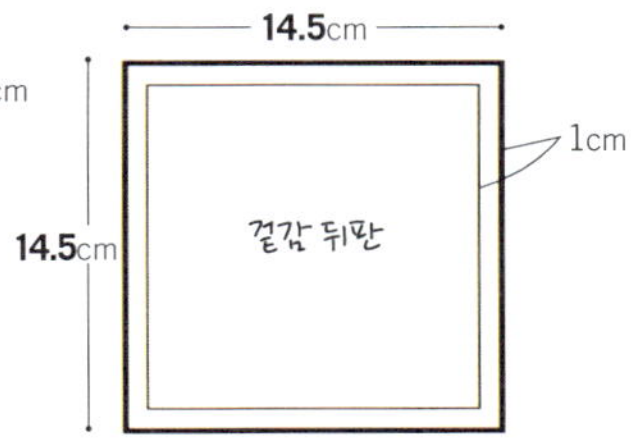
14.5cm
14.5cm
겉감 뒤판
1cm

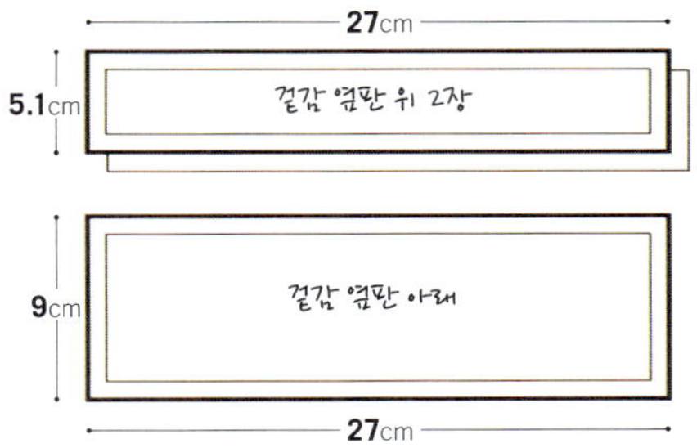
27cm
5.1cm
겉감 옆판 위 2장
9cm
겉감 옆판 아래
27cm

부록에 있는 실물 크기의 본을 이용해 원단의 안쪽 면에 완성선을 그린 뒤
사방에 시접을 1cm씩 주어 재단하세요.
접착솜에 시접을 주지 않습니다. 본에 있는 너치를 표시하세요.

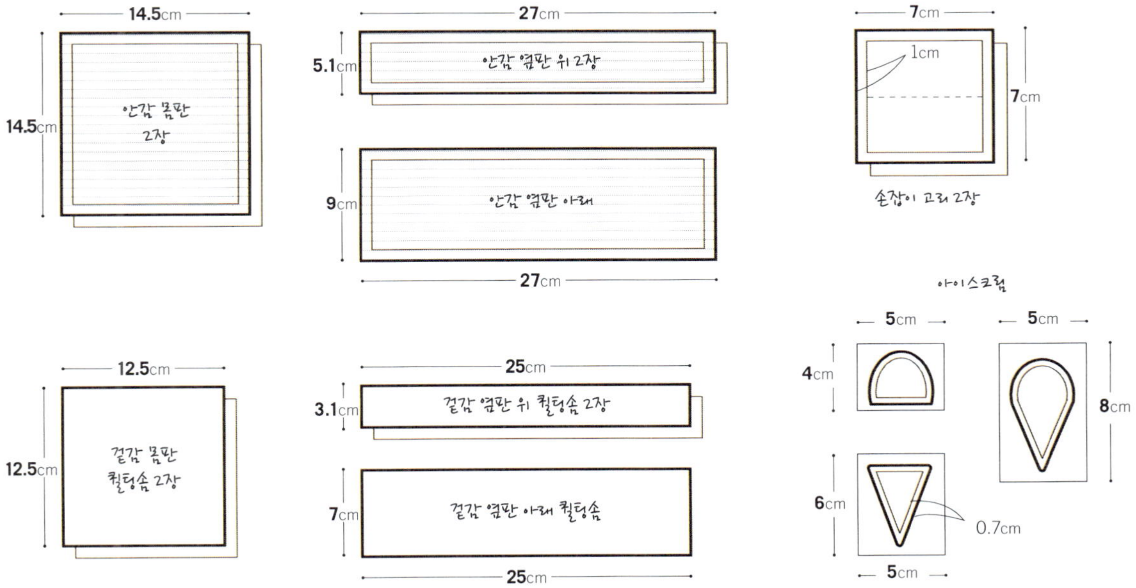
14.5cm
14.5cm
안감 몸판 2장
27cm
5.1cm
안감 옆판 위 2장
9cm
안감 옆판 아래
27cm
7cm
1cm
7cm
손잡이 고리 2장
아이스크림
5cm
4cm
5cm
8cm
6cm
0.7cm
5cm
12.5cm
12.5cm
겉감 몸판 퀼팅솜 2장
25cm
3.1cm
겉감 옆판 위 퀼팅솜 2장
7cm
겉감 옆판 아래 퀼팅솜
25cm

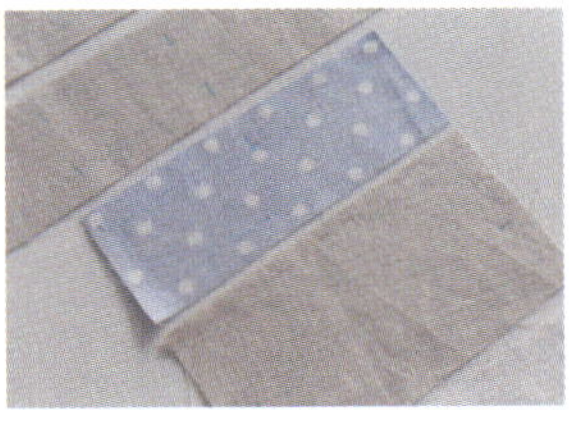

**본에 있는 너치 표시하기**

너치(notch)는 맞추어 연결하라는 표시로, 원단과 원단이 맞닿는 봉재를 할 때 혹은 어긋나거나 길이를 넘어서지 않도록 하기 위해 양쪽 원단에 같은 위치를 표시해 주는 것이다.

how to

겉감 만들기

**1** 앞판 A, B, C를 연결한 뒤 누름 상침한다. 시접은 아래쪽으로 내려준다.

1-1

1-2

1-3

**2** 손잡이 고리 두 개를 만든다.

2-1

**3** 겉감에 접착솜 붙이기(*29쪽 접착솜 붙이는 방법 참조)

3-1

**4** 앞판에 라벨을 달고, 뒤판에 레이스를 단다. 라벨은 양 옆을 접어서 적당한 위치에 단다.

**4-1** 레이스는 원하는 위치에 고정시킨다. 여분은 자른다.

4-2

**5** 옆판 위의 지퍼를 달 부분 쪽 시접을 접어 다린다.

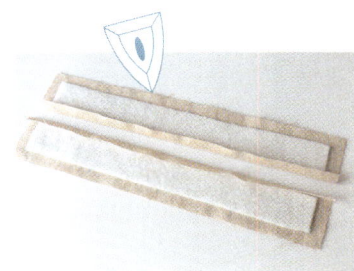

**5-1**

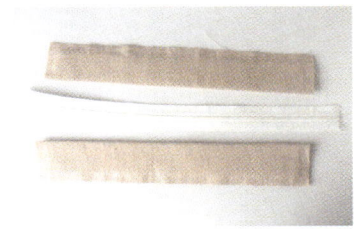

**6 지퍼 달기** 솜을 접착해서 두꺼워졌기 때문에 일반노루발로 달아도 상관없다.(보통은 외노루발로 단다.)

**6-1**

**6-2**

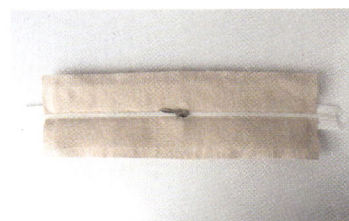

**6-3** 지퍼 고리를 끼운다.

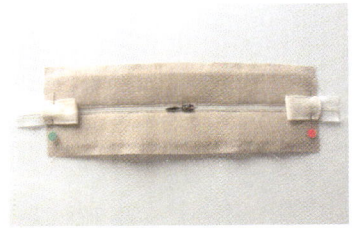

**7** 옆판 위에 손잡이를 고정한다.

**8** 옆판 위와 아래를 연결한다.

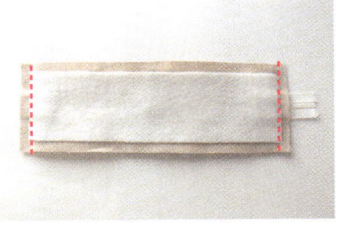

**8-1** 박음질한 후 남은 지퍼는 잘라낸다.

**8-2**

**8-3** 상침한다.(시접은 아래쪽으로)

**9** 앞판과 뒤판을 옆판과 연결한다.

**9-1**

**9-2**

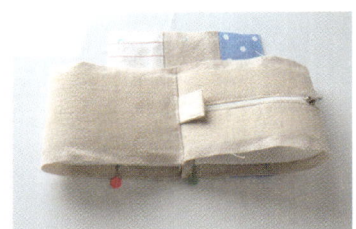

**9-3** 겉끼리 마주대고 너치 표시에 맞춰 핀을 꽂는다.

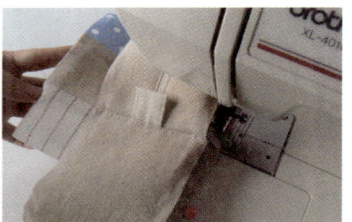

**9-4** 옆중심에서 시작한다.

**9-5** 직각으로 꺾어지는 부분까지 박은 후 바늘을 꽂아둔다.

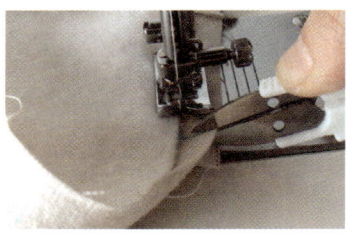

**9-6** 옆판의 직각으로 꺾어지는 부분에 가위집을 넣는다.

**9-7** 원단을 90도 회전시킨다.

**9-8** 옆판 원단을 다음 면에 맞춰 90도로 꺾는다.

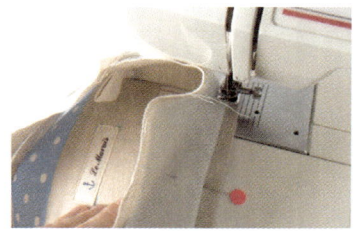

**9-9** 핀을 꽂고 박음질을 한다.

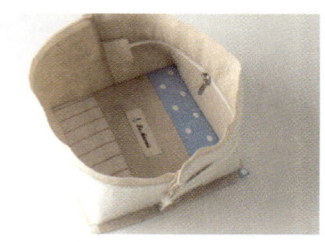

**9-10** 나머지 각들도 같은 방법으로 한다.

**9-11**

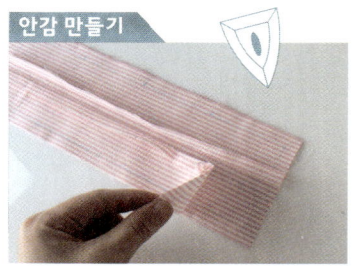

**안감 만들기**

**1** 옆판 위의 지퍼쪽 시접을 접어 다린다.

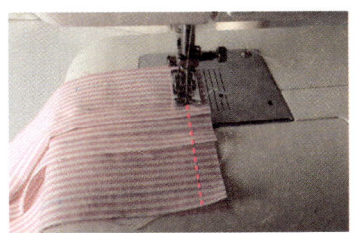
**2** 옆판 위와 아래를 연결한다.

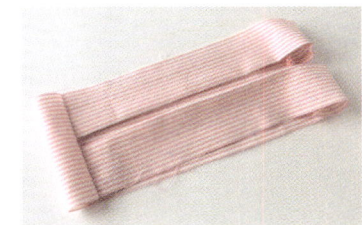
**2-1**

**3** 앞판·뒤판을 옆판과 연결한다.

## 안감과 겉감 연결하기

**1** 안감 안에 겉감을 집어 넣는다. '안'끼리 마주 보도록 한다.

**1-1**

**1-2** 공그르기로 연결한다.(안감과 겉감이 따로 놀기 때문에 모서리 부분을 떠서 고정해주면 좋다.)

## 데커레이션하기

**1** 원단으로 만든 아이스크림을 단다.
(*190~191쪽 아이스크림 만드는 방법 참조)

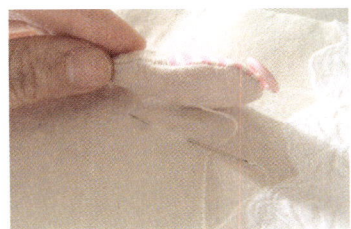
**1-1**

finish

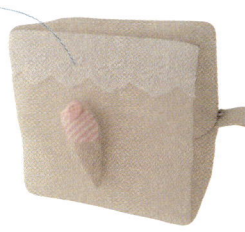

## 아이스크림 만드는 방법

- **완성 사이즈** 6×3cm
- **준비물** 핑크 스트라이프 면, 무지 린넨, 솜, 흰색실, 단추, 겸자
- **재단하기** 시접이 포함되지 않은 사이즈이므로 재단할 때 시접을 포함해서 재단한다.(시접은 각 방향으로 0.5cm) 부록에 있는 실물 크기의 본을 이용해 재단한다.
- 앞 A 핑크 스트라이프
  B 무지 린넨
  뒤 C 무지 린넨

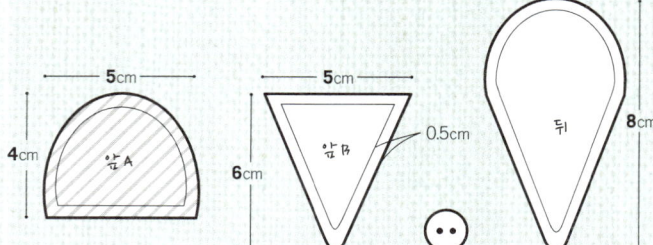

**1** 앞 A와 B 연결하기 시접은 위쪽으로 넘긴다.

1-1

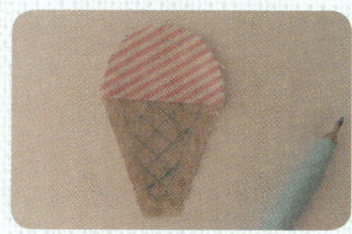

**2** 아래 콘 부분에 **수놓기** 수성펜으로 격자를 그리고 선을 따라 흰색실로 홈질한다.

2-1

2-2

2-3

**3** 앞(A+B)과 뒤를 연결한다.

**3-1** 겉끼리 마주대고 시접 0.5cm로 박음질 한다. 창구멍은 남긴다.

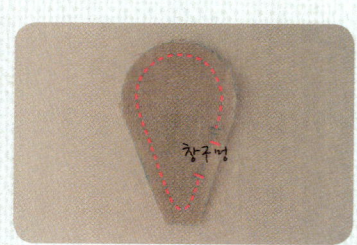

3-2

3-3

**4** 곡선 부분에 가위집을 넣는다.

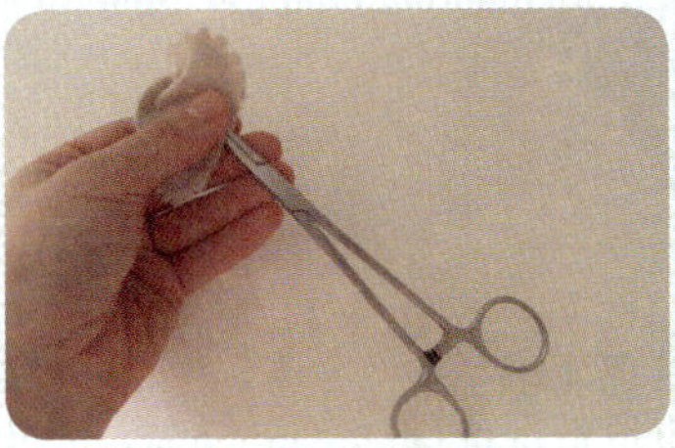

**5** 뒤집는다.

5-1

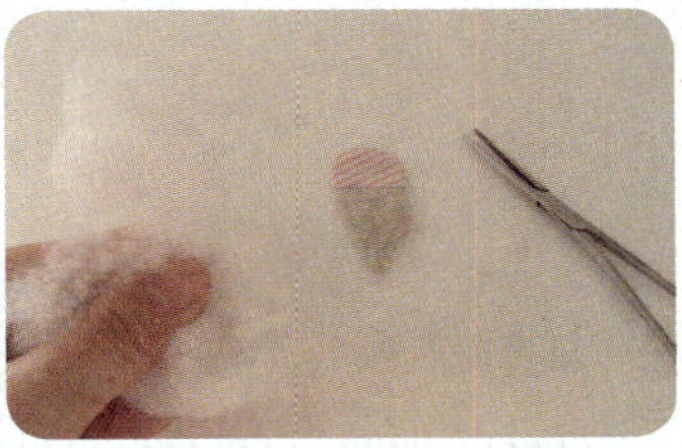

**6** 아이스크림 안에 솜을 넣어 모양을 잡는다.

6-1

6-2

7

7-1

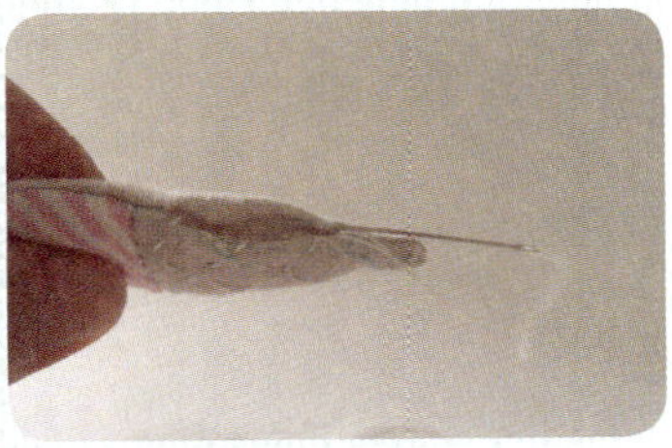

**8** 공그르기로 창구멍을 막는다.

8-1

완성

# 네모난 바구니

how to make

방바닥에 굴러다니는 이런저런 소품을 어떻게 정리할까,
고민하다가 네모난 바구니를 만들었습니다.
뚜껑을 닫으면 깔끔하게 정리되면서 얼핏 보물 상자 분위기마저 풍깁니다.
누빔 원단을 사용해서 튼튼하기까지 합니다.

## 26 네모난 바구니

● **완성사이즈**
25×22×16cm

● **준비물**
그린 도트 누빔 원단, 블루 체크 면,
블루 체크 바이어스, 라벨, 홈패션용 롤지퍼 80cm,
지퍼고리 2개

● **재단하기**
**몸판** 27×24 2장 : 그린 도트 누빔 원단
**옆판 위** 76×5 : 그린 도트 누빔 원단
**옆판 아래** 76×12.5 : 그린 도트 누빔 원단
**옆판 뒤중심 겉** 22×18 : 그린 도트 누빔 원단
**옆판 뒤중심 안** 22×18 : 블루 체크 면
**바이어스** 80×7 : 블루 체크 면

그림을 참고하여 원단의 안쪽에 완성선을 그려 재단하세요.
사방에 시접은 1cm입니다. 바이어스는 곡선이 아니기 때문에
바둑 방향으로 재단하지 않아도 됩니다.

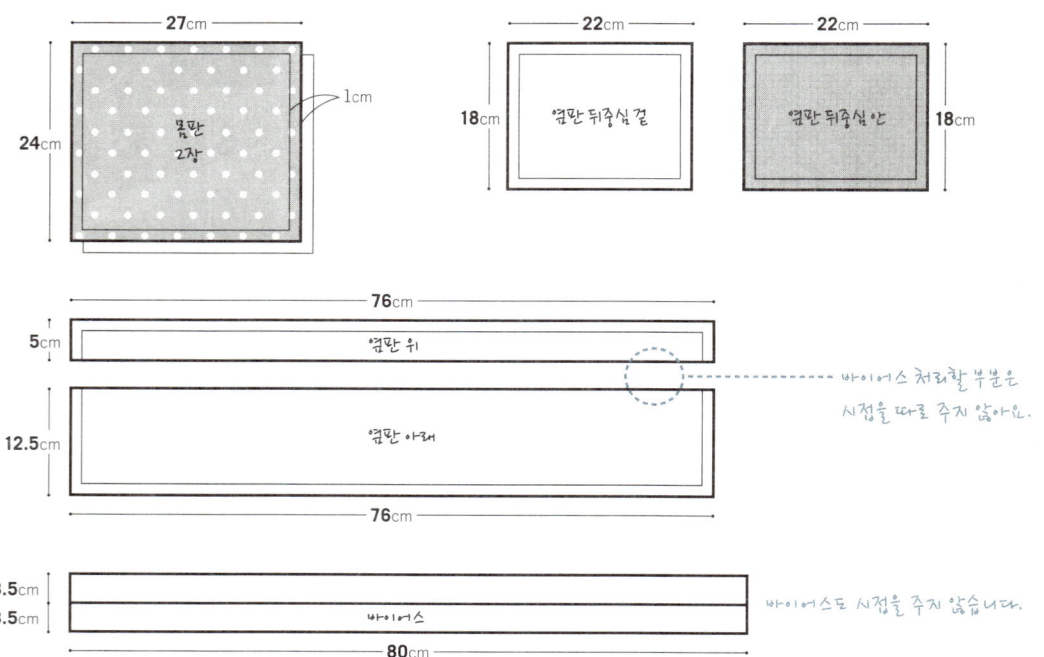

바이어스 처리할 부분은
시접을 따로 주지 않아요.

바이어스도 시접을 주지 않습니다.

how to

### 시접 오버로크 처리하기

몸판(위판, 아래판), 옆판 위, 옆판 아래, 옆판 뒤 중심 겉감, 옆판 뒤중심 안감을 오버로크 또는 지그재그 처리한다.

### 옆판 바이어스 처리하기

1 옆판을 바이어스 처리한다.(*199쪽 바이어스 처리하는 방법 참조)

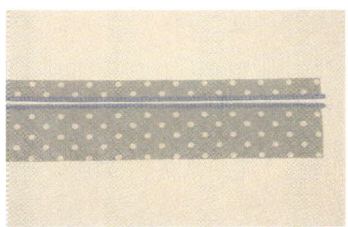

**1-1**

**1-2** 남는 부분을 잘라낸다.

### 지퍼달기

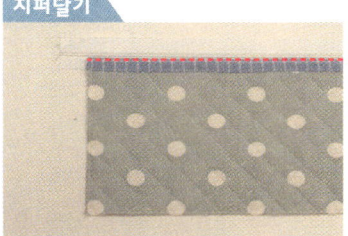

1 지퍼 한쪽에 옆판 아래를 바짝 댄다. 지퍼에서 1~2mm 떨어진 선을 박음질한다.

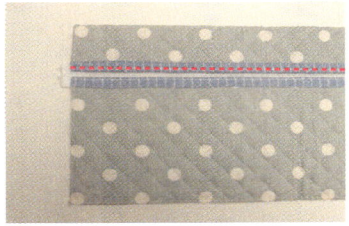

**2** 지퍼 반대쪽에 옆판 위를 바짝 댄다. 앞서 박음질한 면과 위치를 맞춰 지퍼에서 1~2mm 떨어진 선을 박음질한다.

**2-1**

### 시접선과 직각점 표시하기

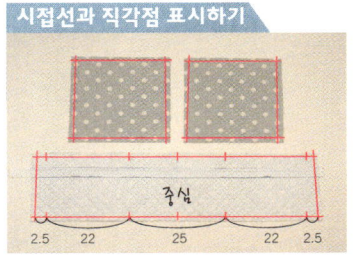

위판 아래판, 옆판 위 아래, 옆판 뒤 중심, 안감 겉감에 시접선과 직각점을 표시한다.

### 라벨 달기

라벨을 단다.

### 지퍼 고리 끼우기

1 지퍼 양쪽 남은 부분을 자른다.

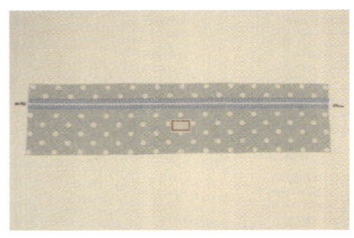

**2** 양쪽에 지퍼고리를 끼워 중심에 둔다.

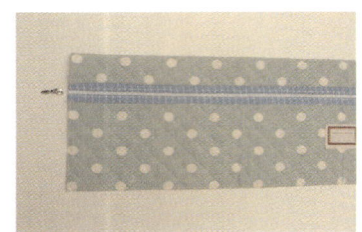

3

**1** 뒤 중심 안감의 겉이 위로 오게 두고, 그 위에 옆판의 겉쪽이 위로 오게 둔다. 그 위에 뒤 중심 겉감의 안쪽이 위로 오게 둔다.

**2** 시접 1cm로 표시해 박음질하고 뒤 중심 안·겉감을 펼쳐 겉면이 보이도록 한다.

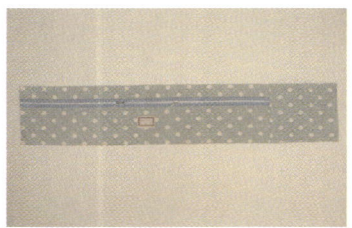

2-1

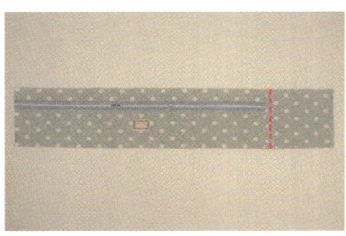

**3** 연결선에서 뒤 중심 쪽으로 1~2mm 들어가서 상침한다.

**4** 반대쪽 뒤 중심(겉감) 옆선과 반대쪽 옆판의 옆선을 겉끼리 마주대고 시접 1cm로 박음질한다.(뒤 중심 안감은 빼고 두 장만 박음질한다.)

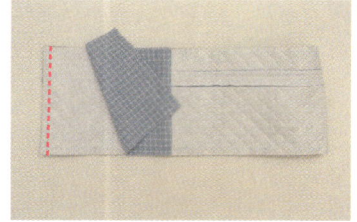

4-1

4-2

**5** 뒤 중심 안감의 반대쪽 옆선 시접을 안쪽으로 접어 다림질 한 뒤 ④번에서 겉감끼리 박음질한 선에 접은 선을 맞춰 상침하듯 눌러 박음질한다.(1~2mm 들어가서 박음질한다.)

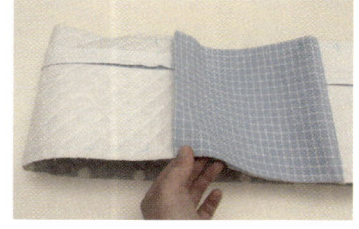

5-1

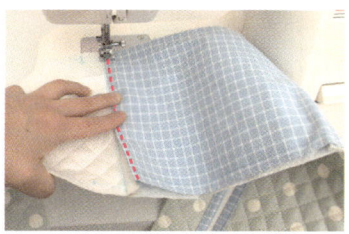

5-2

**6** 옆판 뒤 중심 겉감과 안감의 떨어져 있는 위·아랫단을 지그재그로 고정한다.

### 완성된 옆판에 위판과 아래판 연결하기

**1** 옆판에 아래판을 연결한다. 직각점 표시를 맞춰 겉끼리 마주대고 박음질하되 뒤쪽 중앙에서부터 박음질한다.

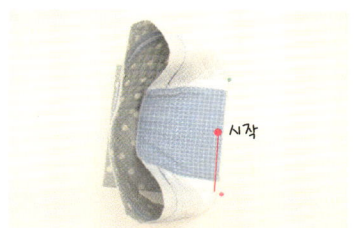

**1-1** 안감이 따로 없고 시접정리도 오버로크처리만 하기 때문에 가위집은 넣지 않는다.

**1-2**

**2** 옆판에 위판을 연결한다.

**2-1**

**2-2** 지퍼를 열고 박음질하면 한결 수월하다. 뒤쪽 중앙에서부터 박음질을 시작한다.

### 뒤집기

**1** 뒤집는다.

**1-1**

### 각 잡기

**1** 모서리를 접에서 2~3mm 안쪽으로 박음질한다.

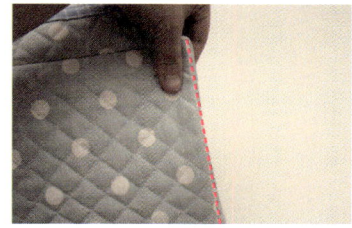

**1-1**

**1-2** 끝에서 끝까지 박음질하지 않아도 되고 시접이 겹쳐 두꺼운 부분은 건너뛰고 박음질한다. 위, 아래 전체적으로 다 한다.

## 바이어스 재단하는 방법

### 짧게 연결하는 경우

**1** 45도 방향으로 선을 긋고 3.5cm 폭으로 평행하게 선을 그린다.

**1-1**

**2** 선을 잘라내고 시접을 1cm로 그려 겉끼리 마주대어 박음질한다.

**3** 시접을 0.5cm 남기고 자른다. 시접을 양쪽으로 가르고 튀어나온 부분을 자른다.

**3-1**

**3-2**

### 길게 연결하는 경우

**1** 사진과 같이 선을 그려 바깥 테두리를 자른다.

**1-1**

**2** 원통형이 되도록 연결을 하되 한 칸 빗겨서 연결한다.

**3** 한 칸 빗겨 시접을 맞춰 핀을 꼽고 그 선을 박음질한다.

**3-1**

**4** 나선형으로 한 줄로 이어진 선을 잘라낸다.

**4-1**

**4-2**

**4-3**

## 바이어스에 대하여

바이어스 방향은 원단의 45도 방향을 말한다. 원단이 잘 늘어나는 방향이기도 하다. 바이어스는 원단의 끝 처리를 할 때 많이 이용하는데 잘 늘어나기 때문에 곡선을 처리할 때도 좋다. 가장 많이 사용하는 바이어스는 폭 3.5cm로 노루발의 너비에 맞춘 사이즈다. 몸판과 같은 원단으로 바이어스를 처리하거나 내가 가진 원단으로 바이어스를 만들고 싶을 때는 재단해서 사용하기도 하지만 기성 제품을 구입해서 사용하기도 한다.

### 바이어스 처리하는 방법

**직선 바이어스**

바이어스를 처리할 때는 원단의 안쪽에서 시작한다.

**1** 바이어스의 겉과 원단의 안쪽을 마주 대고 끝을 맞춘다.

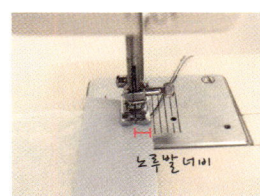
**1-1** 원단 끝을 노루발의 오른쪽 끝과 맞춰 노루발 너비로 박음질한다.

**1-2** 노루발 너비란 바늘에서 노루발 오른쪽 끝까지의 너비를 말한다. 약 0.8cm

**2** 바이어스를 박음질 선에 맞춰 접는다.

**3** 몸판을 겉이 보이도록 뒤집는다.

**4** 바깥쪽으로 보이는 바이어스 부분을 반으로 접는다. (2등분)

**5** ④에서 접은 부분을 몸판 쪽으로 접는다. 접은 선이 몸판의 박음질 선을 살짝 덮도록 접는다.(1mm 정도 겹치도록)

**6** 박음질 선을 덮은 쪽 바이어스의 끝에서 1~2mm 안쪽 선을 박음질한다.

**6-1**

**6-2**

뒷면

## 바이어스에 대하여

기본적인 것은 직선바이어스와 같고, 직각 부분을 바이어스로 감싸는 방법을 설명했어요. 사각형의 테두리를 바이어스로 감싸는데 시접을 어떻게 마무리 하는지 잘 살펴보세요.

### 직각 바이어스

**1** 끝부분을 2~3cm 접어서 시작한다.

**1-1**

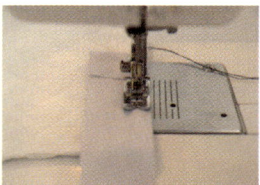

**2** 노루발 너비로 박음질하다가 몸판 원단의 끝에서 노루발 너비(0.8cm)만큼 안쪽으로 바이어스에 표시한다.

**2-1**

**3** 표시한 곳까지 박음질한다.

**4** 접은 선이 사선이 되도록 바이어스를 90도로 접어 올린다.

**5** 접은 선 끝이 몸판의 끝에 맞도록 바이어스를 다시 180도 접어 내린다. 바이어스의 옆선이 몸판의 옆선과 맞는다.

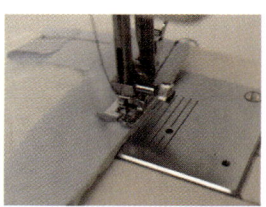

**6** 노루발 너비로 박음질을 하고, 또 다음 모서리에서 노루발 너비(0.8cm)만큼 안쪽으로 바이어스에 표시한다.

**6-1** 나머지 각을 앞에 했던 것과 똑같이 반복한다.

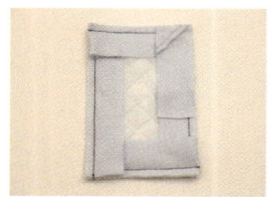

**7** 마지막 면을 박음질하기 전, 바이어스를 처음 접었던 바이어스의 끝보다 조금 더 길게 자른다.

**7-1**

**8** 박음질한다.

**9** 바이어스를 펼친다.

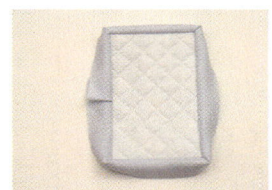
**9-1**

**10** 몸판을 뒤집는다.

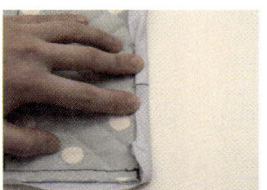
**11** 모서리를 접을 때는 사진과 같은 순서로 접는다.

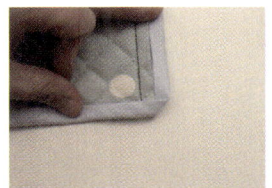
**11-1**

**11-2**

**12** 접은 선에서 1~2mm 들어가서 박음질한다

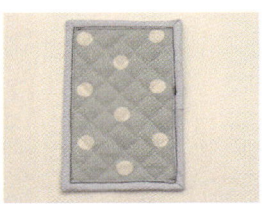
**12-1** 바이어스를 처음 시작했던 부분부터 박음질한다.

**12-2**

뒷면
**12-3**

### 넓은 폭의 바이어스

매트(발 매트 등) 같은 것을 만들 때는 넓은 폭의 바이어스가 필요하다. 재단할 때는 완성했을 때 보이는 바이어스 너비의 4배로 폭을 재단한다. 예를 들어 완성한 매트에 보이는 바이어스가 2cm 폭이라고 했을 때 재단은 8cm로 한다. 매트는 직선으로 이루어져있어 굳이 바이어스 방향으로 재단하지 않아도 된다. 오히려 푸서방향으로 재단하는 것이 좋다.

## 롤 휴지 케이스
*how to make*

방 어딘가에서 뒹굴고 있는 두루마리 휴지에 옷을 입혔어요.
사소한 아이템이지만 롤 휴지에 커버를
씌우니 보기에도 좋고 인테리어 효과도 쏠쏠합니다.

## 27 롤 휴지 케이스

- **완성사이즈**
  13×13×10cm

- **준비물**
  화이트 옥스포드 면, 화이트 면, 스카이 해지 면,
  퀼팅솜, 네이비 바이어스, 홈패션용 롤 지퍼,
  지퍼 고리, 라벨, 화이트 바이어스

- **재단하기**
  **겉감 몸판** 15×15  3장 (위 2장, 바닥 1장) : 화이트 옥스포드 면
  **겉감 옆판 위** 40×3.5 : 화이트 옥스포드 면
  **겉감 옆판 아래** 40×8 : 화이트 옥스포드 면
  **겉감 옆판 뒤중심** 5×12 : 화이트 옥스포드 면
  **겉감 옆판 장식** 5.5×6 : 스카이 해지 면
  **안감 몸판 바닥** 15×15 : 화이트 면
  **안감 옆판 위** 40×3.5 : 화이트 면
  **안감 옆판 아래** 40×8 : 화이트 면
  **안감 옆판 뒤중심** 5×12 : 화이트 면
  **겉감 몸판 바닥 퀼팅솜** 15×15 : 2온스 접착솜
  **겉감 옆판 위 퀼팅솜** 40×3.5 : 2온스 접착솜
  **겉감 옆판 아래 퀼팅솜** 40×8 : 2온스 접착솜
  **겉감 옆판 뒤중심 퀼팅솜** 3×12 : 2온스 접착솜

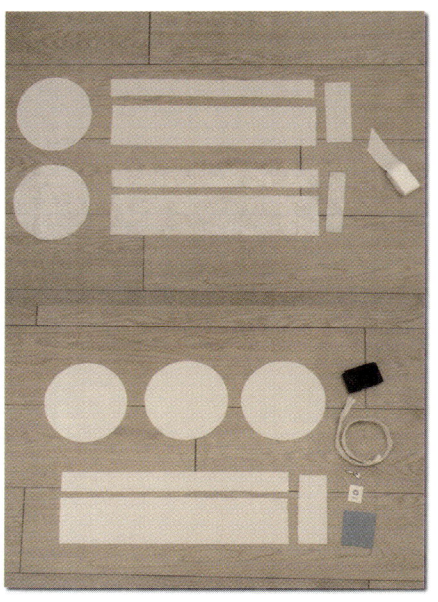

부록에 있는 실물 크기의 본을 이용하여
원단의 안쪽에 완성선을 그려 재단하세요. 사방에 시접은 1cm입니다.
바이어스 처리할 부분에는 시접을 주지 않아요.
접착솜은 겉감과 같은 사이즈로 재단하되 겉감 옆판 뒤 중심만
그림처럼 재단하세요.

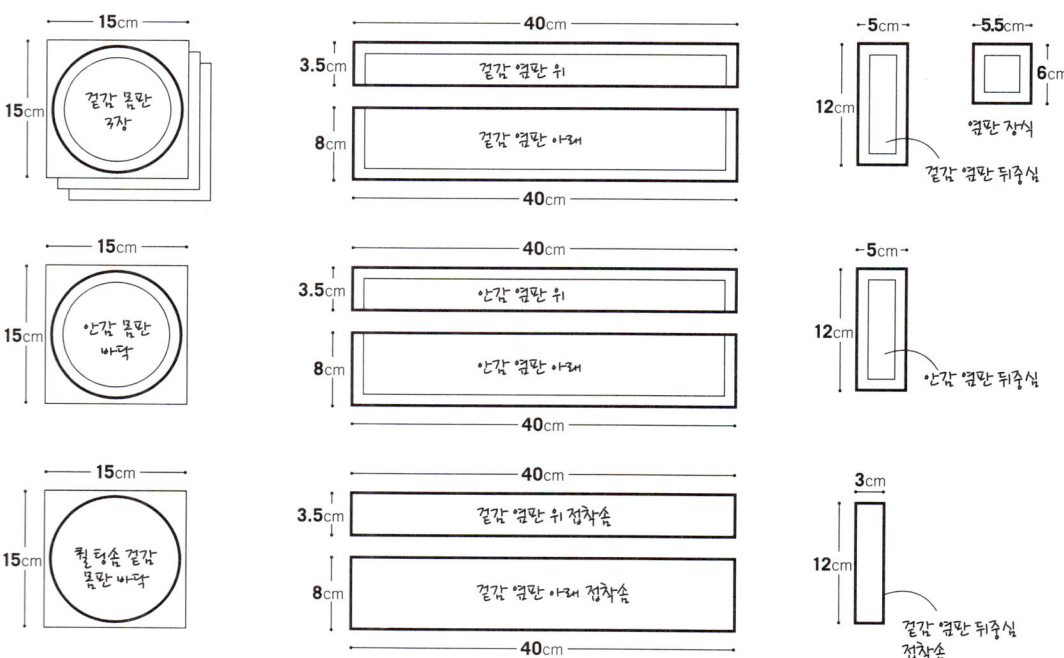

how to

### 겉감에 접착솜 붙이기

바닥과 옆판 위, 아래, 뒤 중심 겉의 안쪽면에 접착솜을 붙인다.(*29쪽 접착솜 붙이는 방법 참조)

### 안감과 겉감 고정하기

**1** 안감과 겉감을 안쪽끼리 마주대고 지그재그로 박음질하여 고정한다.

**1-1** (뒤 중심은 하지 않는다.)

**1-2**

**tip** 약간의 밀림현상이 있을 수 있는데, 워킹풋을 사용하면 밀리지 않게 박음질할 수 있다.

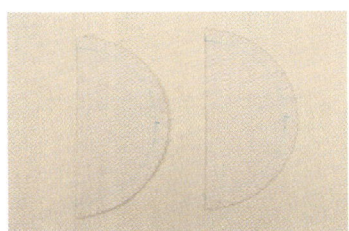

**1-4** 위판은 반을 접어 둥근 부분을 지그재그로 박음질하여 고정한다.

### 위판 양쪽 사이 고정하기

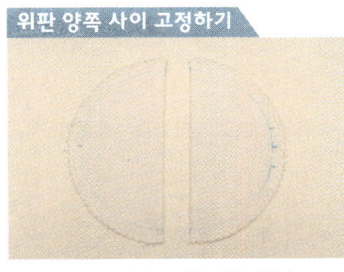

**1** 반달 모양의 위판 두 장을 박음질한다.

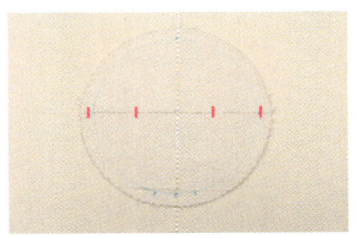

**2** 표시한 부분에 3~4땀 정도를 되돌아박기 하는데 잘 되지 않을 때는 손바느질로 고정한다.

### 옆판 바이어스 감싸기

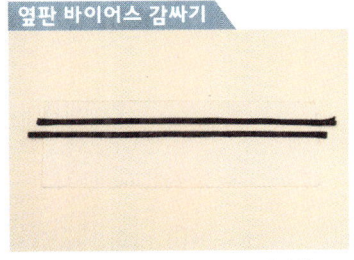

**1** *199쪽 직선 바이어스 처리하는 방법 참조

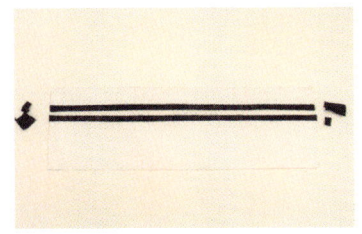

**1-1**

### 지퍼달기

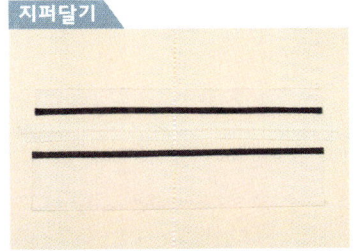

**1** 옆판의 위와 아래 사이에 지퍼를 놓는다.

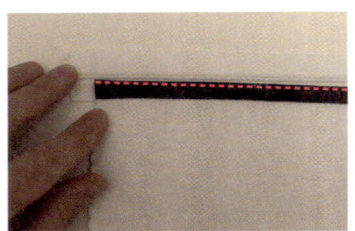

**1-1** 지퍼 한쪽에 옆판 아래를 바짝 댄다. 지퍼에서 1~2mm 떨어진 선을 박음질한다.

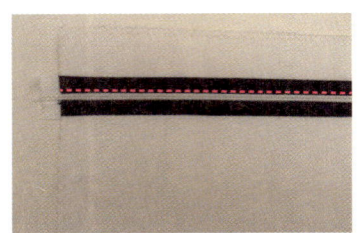

**1-2** 지퍼 반대쪽에 옆판 위를 바짝 댄다. 앞서 박음질한 면과 위치를 맞춰 지퍼에서 1~2mm 떨어진 선을 박음질한다.

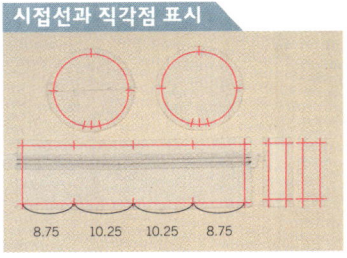

시접선과 직각점 표시

위판 아래판, 옆판 위 아래, 옆판 뒤 중심 안감, 겉감에 시접선과 직각점을 표시한다.(*실물 크기의 본 – 부록 참조)

라벨 달기

**1** 라벨을 달 원단과 라벨을 준비한다.

**1-1** 라벨 뒤편에 들어갈 원단 위쪽 중앙에 라벨을 박음질한다.

**2** 천의 뒷면에 사방 시접을 1cm씩 접어 다림질한다.

**2-1**

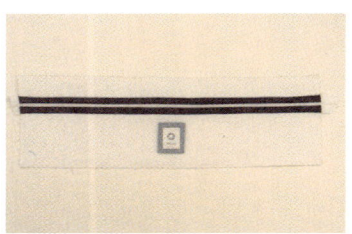

**3** 옆판 아래쪽 중앙부분에 라벨을 두고 박음질한다.

지퍼 고리 끼우기

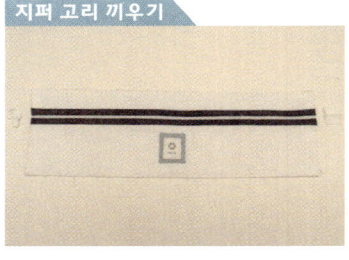

**1** 지퍼 양쪽 남은부분을 잘라낸다

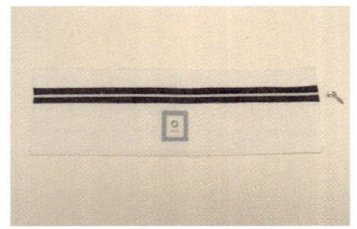

**2** 오른쪽에서 지퍼 고리를 중간 부분까지 끼운다.

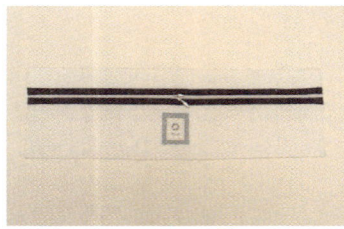

**2-1**

*지퍼를 단 옆판에 뒤 중심(안·겉감)을 연결한다.
뒤 중심 부분은 옆판을 하나로 묶어주면서 위 뚜껑과
아래 부분을 연결해주는 부분이다.*

### 옆판(위·아래)에 뒤 중심부 연결하기

**1** 뒤 중심 안감을 겉쪽이 위로 오게 두고, 그 위에 옆판의 겉쪽이 위로 오게 둔다. 그 위에 뒤 중심 겉감 안쪽이 위로 오게 둔다.

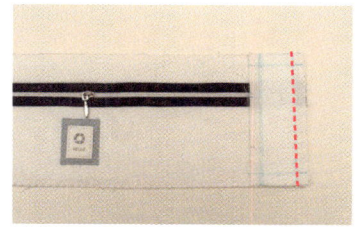

**2** 시접 1cm로 표시한 뒤 박음질하고 뒤 중심 안·겉감을 같이 보이도록 펼친다.

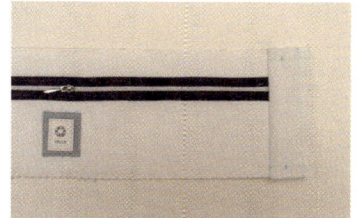

**2-1**

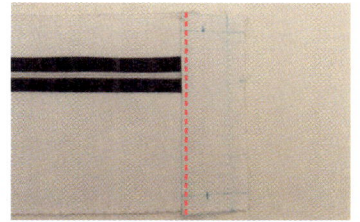

**3** 연결선에서 뒤 중심 쪽으로 1~2mm 들어가서 박음질한다.

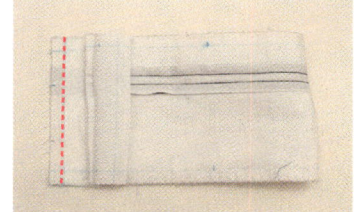

**4** 반대쪽 뒤 중심(겉감) 옆선과 반대쪽 옆판의 옆선을 겉끼리 마주대고 시접 1cm로 박음질한다.(뒤 중심 안감은 빼고 두 장만 박음질한다.)

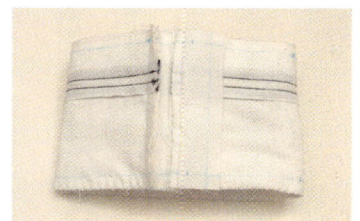

**4-1**

**5** 뒤 중심 안감의 반대쪽 옆선 시접을 안쪽으로 접어 다림질 한 뒤 ④번에서 겉감끼리 박음질한 선에 접은 선을 맞춰 상침하듯 눌러 박음질한다.(1~2mm 들어가서 박음질한다.)

**5-1** 지퍼를 열면 조금 수월하게 박음질할 수 있다.

**6** 옆판 뒤 중심 겉감과 안감의 떨어져있는 위·아랫단을 지그재그로 고정한다.

### 옆판에 위·바닥 연결하기

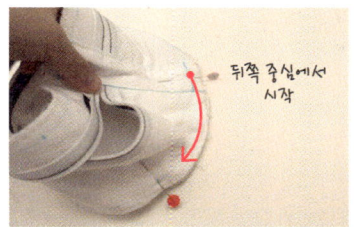

**1** 옆판에 바닥을 연결한다. 겉끼리 마주대고 박음질하되 뒤쪽 중앙에서부터 박음질한다.

**1-1** 뒤쪽 중심에서 시작

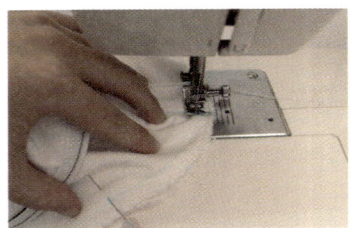

1-2

1-3

**2** 옆판에 위판을 연결한다. 지퍼를 열고 박음질해야 수월하다. 뒤쪽 중앙에서부터 박음질을 시작한다.

## 안감바이어스 감싸기

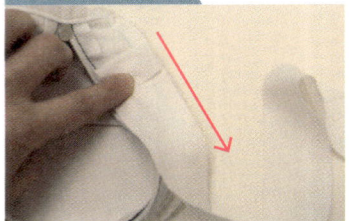

안쪽 시접 정리를 위해 바이어스로 감싼다.(이미 지그재그로 마무리를 했으므로 하지 않아도 된다. 안쪽에서 하는 거라 겉에서는 보이지 않는다.)

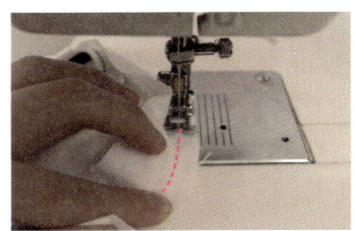

**1** 바이어스와 바이어스 처리할 원단의 끝을 맞춰 노루발 너비로 박음질한다. *이어진 선을 바이어스로 감쌀 때는 시작부분의 시접처리가 되어야하므로 시작할 때 원단을 접어서 시작한다.

**2** 곡선을 바이어스로 감쌀 때는 곡선부분에 바이어스를 맞춰 나가면서 박음질한다.(바이어스 방향으로 재단된 감이므로 원단이 잘 늘어나서 곡선을 맞추기 좋다.)

**3** 접어서 시작했던 부분이 가까워지면 바늘을 꽂아두고 바이어스를 자른다. 이때 접어서 위에 올려있는 끝선보다 조금 더 길게(접힌 원단은 가려지고 1cm 정도 겹치도록) 자른다.

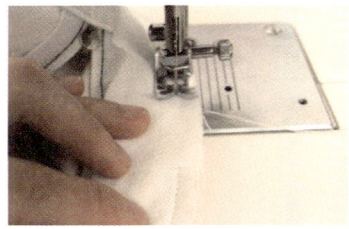

**3-1** 박음질을 끝까지 한다.

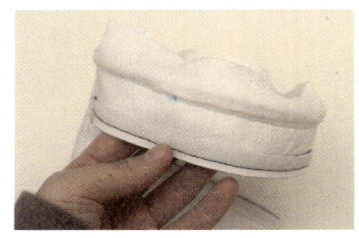

**4** 바이어스를 위로 접어 올린다.

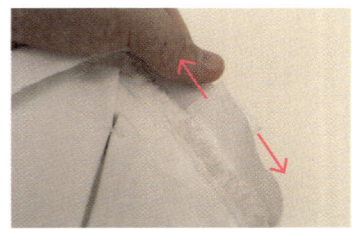

**5** 위판 쪽에서 봤을 때 바이어스가 겹친 부분을 반대쪽으로 살짝 당겨 잡은 뒤 바깥쪽으로 보이는 바이어스 부분을 반으로 접는다.(2등분)

5-1

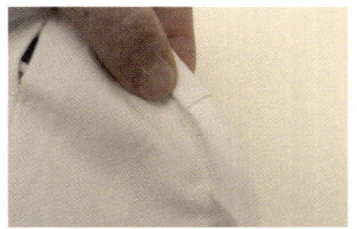

**6** 접은 선이 몸판의 박음질 선을 살짝 덮도록 접는다.(1mm 정도 겹치도록)

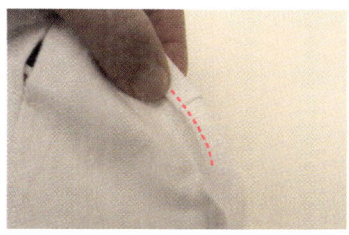  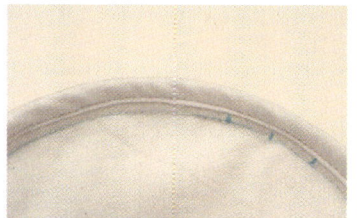

**7** 박음질 선을 덮은 쪽 바이어스의 끝에서 1~2mm 안쪽 선을 박음질한다. (바늘과 박음질되는 간격을 보면서 박음질한다.)

**7-1**

**8** 아랫부분도 똑같이 바이어스로 감싼다.

finish

Trunk Case

# 여행가방 커버

how to make

트렁크에게 레인코트를 입혀볼까요?
온통 블랙 일색인 여행 가방에 핑크 옷을 선사했습니다. 변신시키는 것은 물론
방수원단으로 제작하여 비가 와도 끄떡없어요.

스트링 파우치처럼 윗부분을 조여 편리하고
끌고 다닐 때 손잡이가 나오도록 지퍼 구멍도 만들었답니다.

## 28 여행가방 커버

- **완성사이즈**
  44×48×24cm

- **준비물**
  핑크 도트 방수원단, 블루 도트 면, 핫핑크 펠트, 흰색 종이원단, 스트라이프 면, 단추, 패브릭 펜, 홈패션용 롤 지퍼, 지퍼 고리, 면끈 150cm, 조리개, 벨크로 25cm

- **재단하기**
  **몸판**(겉감 앞과 뒤, 안감 앞과 뒤) 70×55 4장
  : 핑크 도트 방수원단
  **바닥** 21×64 : 핑크도트 방수원단
  **주머니** 26×36 : 블루 도트 면
  **앞판 데코 리본** 8×5 : 핫핑크 펠트
  **앞판 데코 글씨 바탕** 14×11 : 스트라이프 면
  **앞판 데코 글씨** 12×9 : 흰색 종이원단
  **앞판 데코 띠** 70×4.5 : 블루 도트 면
  **지퍼 끝 감쌀 원단** 10×5 : 핑크 도트 방수원단

그림을 참고하여 원단의 안쪽에 완성선을 그려 재단하세요.
주머니, 리본, 글씨, 지퍼 끝 감쌀 원단에는
시접을 두지 않았고, 나머지는 사방 1cm입니다.

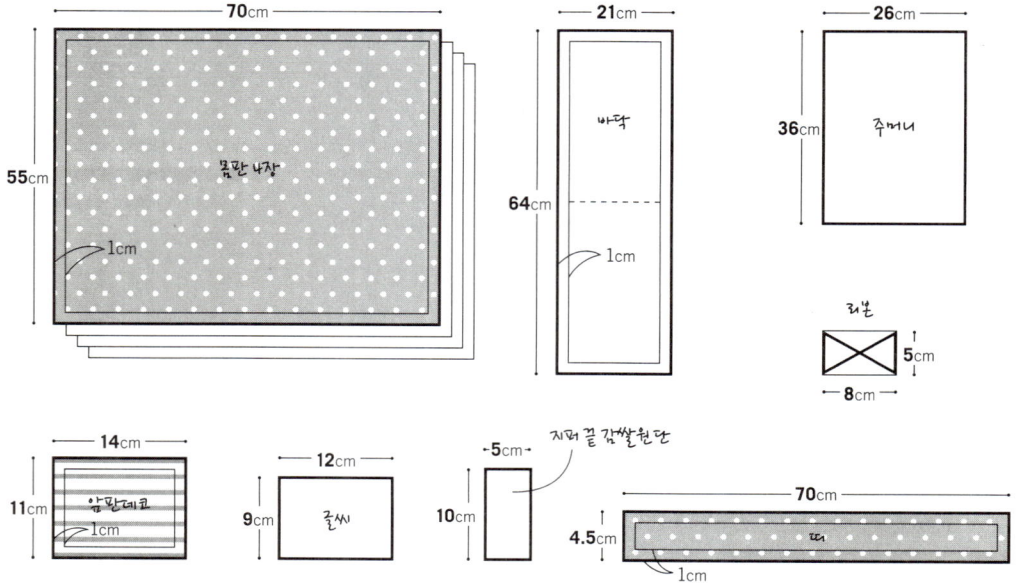

page : 213

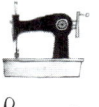

### 데커레이션 준비하기

**1** 리본을 자른다.(*실물 크기의 본 – 부록 참조)

1-1

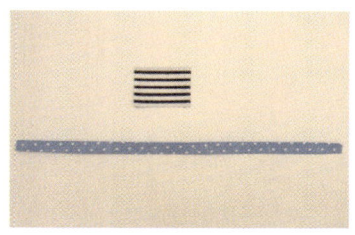

**2** 글씨 뒤판과 띠의 시접을 접어 다린다. 글씨 뒤판은 사방을 접어다리고 띠는 위아래 긴 변만 접어 다린다.

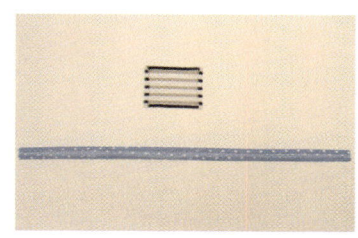

2-1

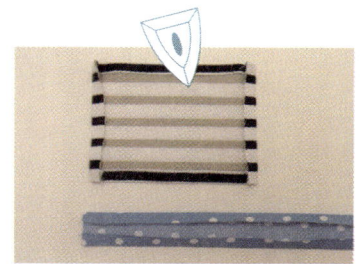

2-2

**3** 종이원단에 원단용 수성펜으로 밑그림을 그리고 패브릭 펜으로 밑그림을 따라 그린 뒤 자른다.(*실물 크기의 본 – 부록 참조)

3-1

3-2

### 겉감 앞판에 데커레이션하기

**1** 가방에 겉감 앞판을 시침핀으로 꽂아보고 데커레이들을 시침핀으로 달아보며 위치를 정한 다음 박음질로 고정하고 단추도 단다.

1-1

1-2

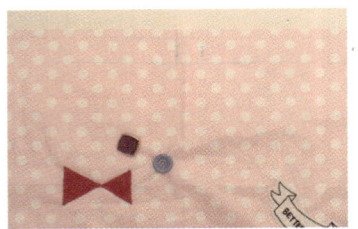

**2** 겉감 앞판 윗부분에 단춧 구멍 위치를 표시하고 단추 구멍을 낸다.(*147쪽 단춧구멍 만들기 참조)

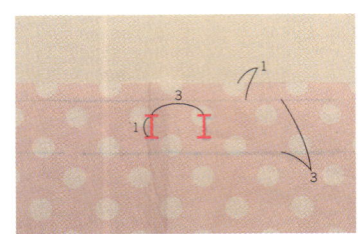

2-1

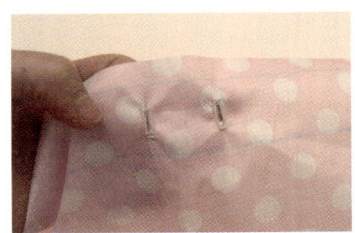

2-2

## 바닥 만들기

**1** 바닥 원단을 겉이 마주보도록 반으로 접어 양 옆선을 박음질한 뒤 뒤집어 다린다.

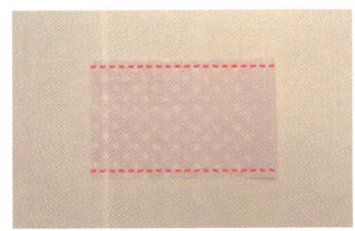

1-1

1-2

## 겉감 뒤판에 바닥 고정하기

겉감 뒤판 아랫선 중앙에 바닥을 시접 사이에 고정한다. 박음질하지 않은 쪽을 고정한다.

## 겉감과 안감 잇기

**1** 겉감 뒤판과 안감 뒤판을 겉끼리 마주대고 아랫선을 시접 1cm로 박음질한다.

1-1

**1-2** 겉감 앞판과 안감 앞판을 마주대고 아랫선을 시접 1cm로 박음질한다.

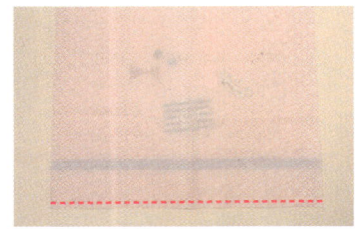

1-3

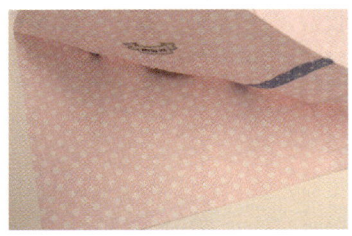

**2 옆선 박음질하기** ①번에서 이은 겉감 안감을 겉끼리 마주대고 옆선을 박음질한다. 마주댈 때는 겉감과 겉감, 안감과 안감이 마주보도록 한다.

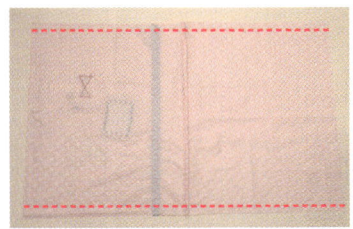

**2-1**

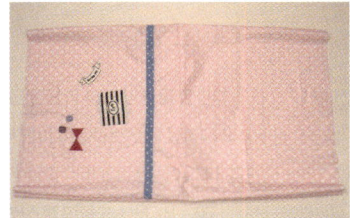

**3** 뒤집어서 안감을 겉감 안쪽으로 접어 넣는다.

**3-1**

**4** 겉감의 겉쪽 윗선에 완성선(다림질하여 접을 선)과 박음질 선(끈 넣을 터널)을 표시한다. 윗선에서 1cm, 윗선에서 4cm 선을 표시한다.

**5** 겉감 안감의 윗선 시접을 모두 안쪽으로(겉감은 겉감의 안쪽, 안감은 안감의 안쪽으로 접어 넣어 겉감과 안감의 접은 시접끼리 마주보도록 한다.) 1cm씩 접어 다려 넣는다.

**5-1**

**6** 접은 선에서 1~2mm 안쪽으로 들어가 박음질한다.

### 끈 넣을 터널 박음질하기

④에서 표시한 4cm 선을 박음질한다.

### 끈 끼우기

**1** 끈을 끼운다. 한쪽 단추 구멍으로 넣고 다른 쪽 단추 구멍으로 뺀다. 조리개를 끼우고(없으면 끼우지 않아도 상관없다.) 끝을 매듭짓는다.

**1-1**

### 바닥과 몸판에 벨크로 달기

**1** 벨크로 한쪽은 몸판 앞 아랫부분 안감에 달고 다른 한쪽은 바닥 겉에 단다.

**1-1**

지퍼로 여닫는 구멍과 거기에 이어지는 주머니를 만든다.
가방의 손잡이가 나올 수 있도록 몸판뒤쪽에 구멍을 낸다.
지퍼로 여닫는 구멍이며 그 안쪽으로 주머니를 만든다.

## 뒤쪽 상단부에 구멍 내기

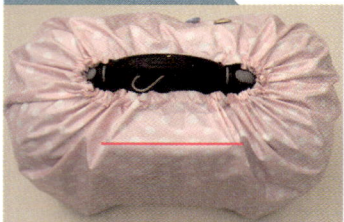

1 캐리어에 씌워보고 구멍 위치를 표시한다.

2 주머니 원단의 테두리를 오버로크 또는 지그재그 처리한다.

3 밑선 쪽을 1cm 접고 다시 1cm 접어 박음질한다.

4 주머니가 될 부분을 접어서 옆선을 박음질한다.

5 원단을 뒤집어 윗부분에 구멍을 표시한다.

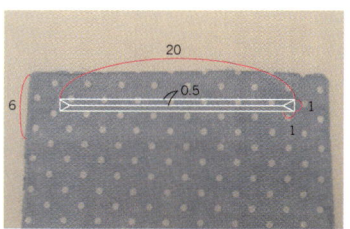

5-1

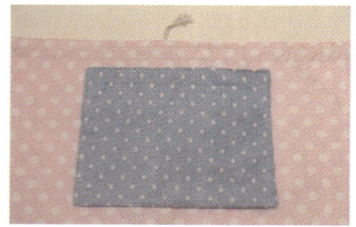

6 몸판에 주머니 천을 대고 표시한 구멍을 뒤판에 박음질한다.(앞판까지 함께 박음질하면 안 된다.) 표시한 선을 자르고 주머니 감을 안쪽으로 집어넣어 다림질한다.

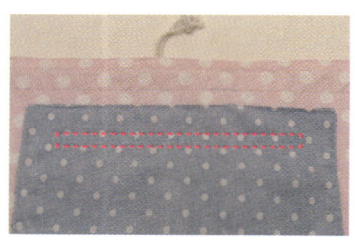

6-1

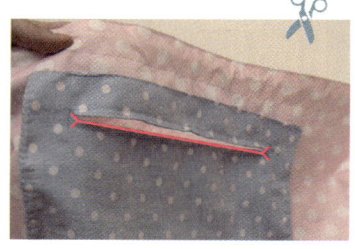

6-2

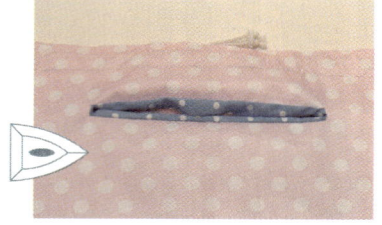

6-3

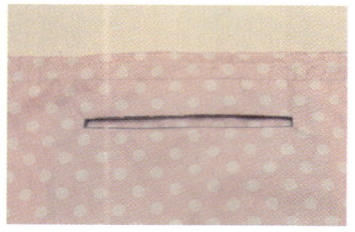

6-4

7 몸판을 뒤집어서 주머니감이 보이도록 한 뒤 테두리를 몸판의 뒤판 쪽에 박음질한다.

**7-1**

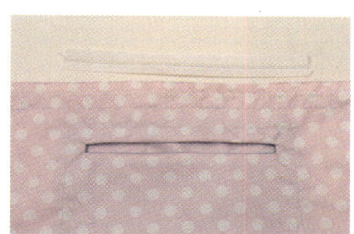

**7-2** 겉이 보이도록 뒤집는다.

**8** 지퍼고리를 중앙에 위치시키고 지퍼 양 끝을 올이 풀리지 않도록 감싼다.

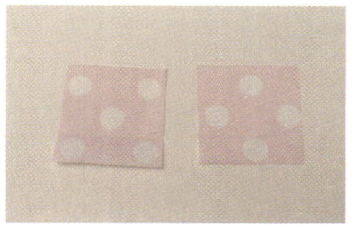

**8-1**

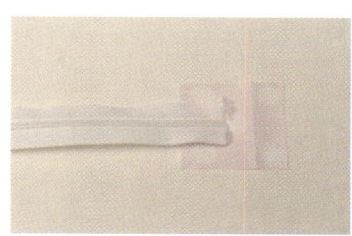

**8-2**

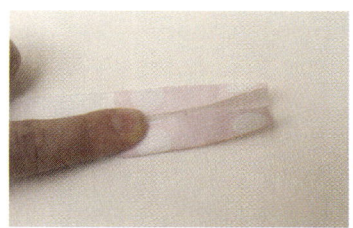

**8-3**

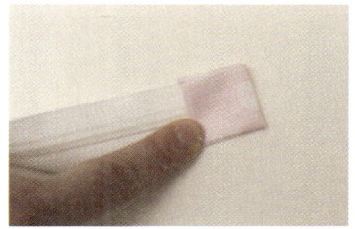

**8-4**

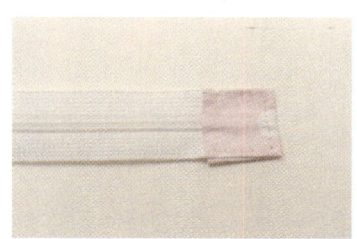

**8-5**

**8-6**

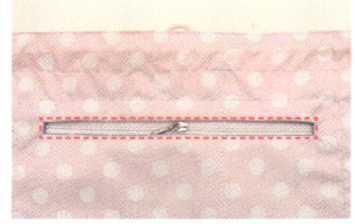

**9** 구멍에 지퍼를 대고 겉쪽에서 박음질한다.

**9-1**

> **tip**
> 캐리어의 크기는 각양각색이라 만드는 방법을 참고해서 캐리어의 사이즈에 맞게 만들어 보세요. 캐리어의 둘레와 높이에 조금씩 여유를 주어 앞판과 뒤판으로 나누어(2등분) 시접을 주고 원단을 재단해서 만들면 된답니다.

Picnic Mat

# 피크닉 매트

*how to make*

소풍갈 때 꼭 필요한 돗자리입니다.
은박 돗자리, 캐릭터 돗자리 등 마트에서 쉽게 구입할 수 있지만
직접 만든 돗자리를 깔고 나들이를 즐기고 싶었어요.

화이트라 쉽게 더러워질까 걱정된다면
다양한 아플리케로 재미를 주는 건 어떨까요?

## 29 피크닉 매트

- **완성사이즈**
  139×131cm

- **준비물**
  화이트 무지 린넨, 커트지 린넨,
  핑크 도트 방수 원단, 스카이 해지 면,
  레드체크 바이어스, 알록달록한 자투리 원단들

- **재단하기**
  **앞판 A** 141×52 : 화이트 무지 린넨
  **앞판 B** 141×83 : 커트지 린넨
  **뒤판** 141×133 : 핑크도트 방수원단
  **주머니** 36×26 2장 : 화이트 무지 린넨
  **끈** 42×7 2장 : 스카이 해지 면
  **바이어스 폭** 5cm×길이 600cm : 레드체크 면

그림을 참고하여 원단의 안쪽에 완성선을 그려 재단하세요.
사방에 시접은 1cm이며 바이어스도 그림을 참고하여 준비합니다.
198~201쪽 바이어스에 대한 설명을 참조하세요.

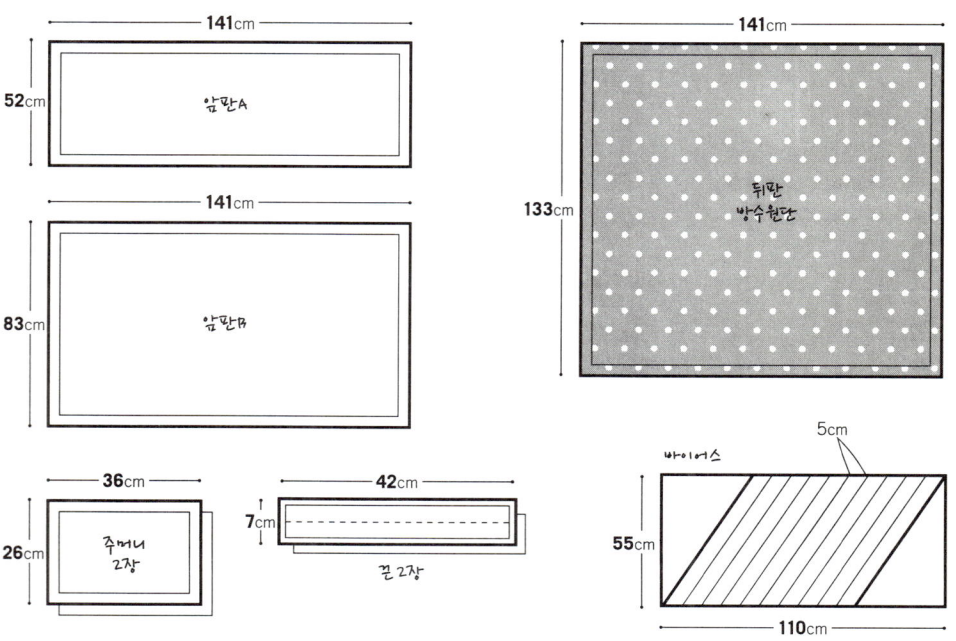

how to

### 끈 만들기

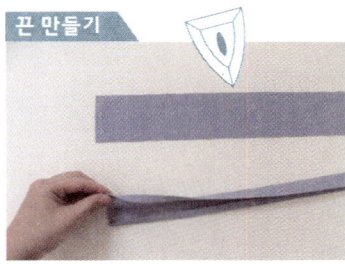

**1** 사진처럼 긴 변을 1cm씩 접어 다린다. 그리고 반을 접어 다린다.

**2** 접어 다려진 긴 변을 박음질한다. 다른 변도 박음질한다.

### 주머니 만들기

**2-1**

**1** 주머니 2장 중 한 장의 양쪽 시접에 사진처럼 끈을 고정한다.

**2** 나머지 한 장의 주머니 원단과 겉끼리 마주 댄다.

**3** 시접 1cm로 박음질한다.

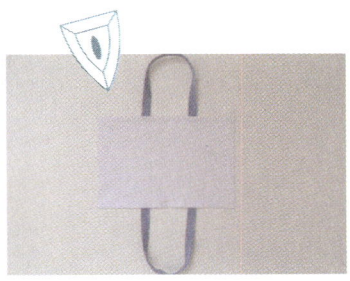

**4** 뒤집어 다린다.

### 앞판 A에 아플리케하기

**1** 앞판 A에 자투리천으로 자른 글씨와 그림을 배치한다.

**1-1** 재봉틀의 바느질 패턴을 지그재그로 바꾸고 글씨와 그림의 테두리를 지그재그로 박음질한다. 원단을 잘 돌려가며 모양을 따라 박음질한다.

**1-2**

### 앞판 A와 B 연결하여 상침하기

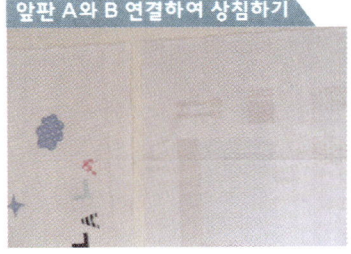

**1** 아플리케한 앞판 A와 앞판 B를 겉끼리 마주 대고 시접 1cm로 연결한다.

**1-1**

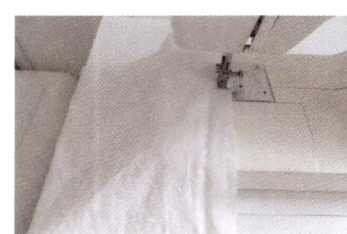

**1-2**

**2** 시접을 함께 지그재그로 처리한다.

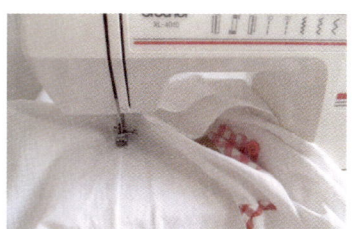

**3** 시접을 B쪽으로 보내고 상침한다.

**3-1**

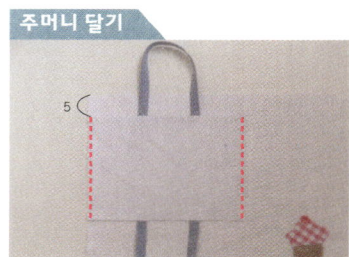

### 주머니 달기

주머니를 겉감의 겉 왼쪽 위(사진에 표시한 위치)에 단다. 사진처럼 양 옆만 박음질한다.

### 바이어스로 테두리 장식하기

**1** 바이어스의 한쪽 면을 접어 다린다.

**2** 바이어스의 접은 쪽 면을 안쪽으로 두고 다른 쪽 면은 겉감 겉의 끝에 맞춘다.

**3** 접은 선에서 1~2mm 들어가서 박음질한다.

**4** 겉감의 직각부분에서 5cm(바이어스의 넓이)를 남긴다.

**4-1** 사진처럼 바이어스를 90도로 꺾되 접힌 선이 사선이 되도록 접는다.

**4-2** 아래 접힌 바이어스를 180도로 접어(이때 접힌 선을 원단의 끝과 맞춘다.) 겉감의 다음 변과 맞춘다.

**4-3**

## 모서리 박음질

**1** 박음질을 직각으로 꺾기 바로 전까지 박음질한다.

**1-1** 바늘을 원단에 꽂는다.

**1-2** 노루발을 들고 원단을 직각으로 돌린다. 노루발을 내리고 계속 박음질을 한다.

**1-3**

**1-4**

**1-5**

**1-6** 계속해서 직선을 박고 직각부분에서는 앞서했던 것과 같이 정리한다.

**1-7** 마무리 부분에서는 5cm 정도를 더 남기고 자른다.

**1-8** 끝부분을 접어 넣고 박음질하여 마무리한다. 테두리는 지그재그 처리한다.

## 앞판과 뒤판 연결

**1** 완성한 앞판과 방수원단(뒤판)을 겉끼리 마주댄다.(가방끈도 안쪽으로 접어 넣는다. 같이 박음질하지 않도록 조심한다.)

**2** 아랫쪽 변에 창구멍을 30cm 정도 남기고 시접 1cm로 박음질한다.

## 뒤집어서 상침하기

**1** 창구멍으로 뒤집는다.

**2** 모서리들을 잘 정리하고 테두리를 1~2mm 간격으로 상침한다. 상침하면서 창구멍도 막는다.

finish

## 접는 방법

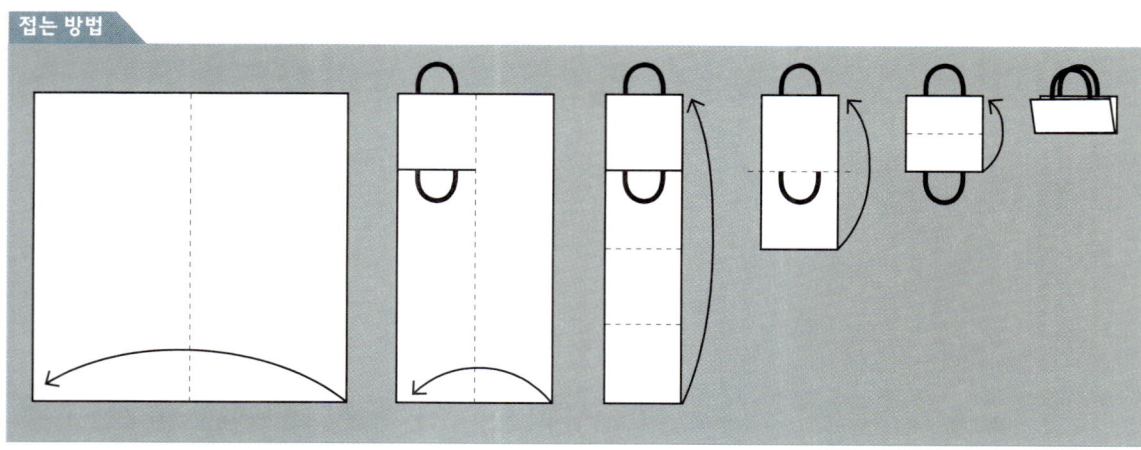